八ヶ岳【縄文特区】

Neo Jomon

エンディング・ヴィレッジ構想のすべて

たきさわたいへい

Taihei Takisawa

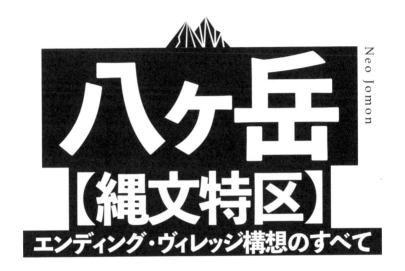

エンディング・ヴィレッジの中心的施設が集う候補地（山梨県北杜市大泉町西井出）。1万1000坪の中にコミュニティ病院や学校、高齢となった人々が安心して暮らせる環境などを整える。温泉なども掘ってビジター向けのリトリート滞在施設も検討中。

統合医療をベースにしたコミュニティ病院では、インド伝統医学のアーユルヴェーダからホメオパシー、日本古代から伝わる健康法や最先端の波動医学なども幅広く取り入れていく予定。

最期まで安心して気の合う仲間と過ごせるエンディング・ヴィレッジには、体にも環境にも優しい自然素材の施設で高齢者もお互いケアをしながら生涯健康的に過ごせる。

ビジターもリゾートホテルのような施設で滞在しながら新社会の暮らしを体験することができ、コミュニティ内のサービスなども独自通貨を利用できるようにする。

エンディング・ヴィレッジの中には、子供たちの居場所としてコミュニティ学校の運営も重要視しており、知識だけでなく自然から学び、最先端 IT なども導入しつつ小さな頃から瞑想教育も取り入れる。

今では田畑合わせて100枚以上（４万坪以上）を管理するようになり、お米も20トン近くまで生産する体制となった。お米は2029年までに100トン生産できる体制まで成長させる計画。

311から米作りにも携わり、２年間は１人で田畑を管理していたが、自分には農業は向いていないことに早めに気づき、苦手なことは得意な人に任せるようになってからコミュニティの必要性が出てきた。

日本初の統合医療講座の大学院を開設した神奈川歯科大学の川嶋朗《あきら》教授を八ヶ岳へ招いてフォーラムを開催。川嶋教授からエンディング・ヴィレッジ構想の話を聞き、それを八ヶ岳で実現していく方向性となった。

赤ちゃんとして生まれてから、子供として学び合いながら育ち、
やがてコミュニティで大人になって働くようになり、
最期はコミュニティの中で死を迎えられる。エンディングだけでなく、
オープニングの生まれる時から亡くなるまで一貫して、
そのコミュニティを出ることなく、
幸せに生涯を終えることができる場を目指すのが、
八ヶ岳エンディング・ヴィレッジの理想的なコミュニティスタイルです。

多世代コミュニティであることが大切なのは、
世代を超えて刺激を与え合ったり、
役割に分かれて助け合うだけでなく、
人の循環によるコミュニティを
持続可能にしていくことができることにも大きな意味があります。

あらゆることを想定して徒歩圏内で動き回れる村構想、
そのために必要な立地場所として、
山梨県の北杜市、
その中でも大泉町西井出地区の
標高1000mエリアに照準を絞って
エンディング・ヴィレッジのプランを進めています。

エンディング・ヴィレッジは、
1人ひとりが死を意識しながら今を生きるのが前提であり、
その上でコミュニティのメンバーが、
お互い健康に気遣いながらも助け合い、
最期は看取りあって幸せに終点を迎えられる場所でもあります。

夜明け前の最終ステージがいよいよ始まります。

まだまだ物質主義のお金中心の世界で多くの人々は生きており、
惰性のままに生かされていますが、
でもそこを超えた人たちが一定数意識を変えていって繋がり、
集合意識の偏差値が少しずつ上がり、
意識の核爆弾を見えない世界に投入して、
意識の大爆発による大維新が起こります。

カバーデザイン　森　瑞（4Tune Box）
本文仮名書体　文麗仮名（キャップス）

目次

第5章
万が一有事が発生しても安心してサバイバルできる設計で、すでにエンディング・ヴィレッジ構想は始まっています！

第8章

「理想的な教育コミュニティの見本を作りたい」マハリシ・マヘーシュ・ヨーギーのモデルはこうなっている⁉

第9章

コミュニティの調和の図り方⁉ 1%効果、$\sqrt{1}$%効果、少数者の黙想が全体を良くする⁉ 木が育つ水や光となる栄養素

第10章

醜いではなく〝見にくい〟隠された磐長姫《いわながひめ》がこれからの風の時代の主役になる⁉

第11章 未来は選択可能なパラレルワールド⁉ 高度なあみだくじ⁉ 自分の意識次第でパラパラと変わっていく⁉

たきさわたいへいから皆さまへ——お知らせとお願い

第1章

縄文から江戸まで、日本は元祖サスティナブル社会だった⁉

サスティナブル民族の復活⁉　キブツ米基金のヴィジョン

未だかつてない新しい時代の社会モデル

「理想郷＝シャングリラ（Shangri-La）」

を八ヶ岳から。

そこでは

・奪い合うのではなく分かち合うことを
・消費するよりも生産することを
・競争するよりも共生することを
・お金ではなく生命《いのち》が中心の経済を
・次世代への負担を増やすのではなく支援を

・病気になる前に病気にならない暮らしを
・多世代が入り混じり大人も子供から学べる教育を
・元気なうちから共に暮らし、お互い助け合い、最期まで看取り合える関係と環境を
・安心して旅立ち、また還ってくる生命の循環を
・個性を潰すのではなく、個性を生かし合い、本当の意味で持続可能な社会を……

それぞれ想い描く理想郷を妄想郷で終わらせるのではなく、現実の〝故郷《ふるさと》〟に。

村づくりは国づくり、新しい社会づくりは、新しい世界を作ること。

物質文明から精神文明と融合した〝ネオ縄文〟へ。

世界の雛形《ひながた》となる理想社会を一緒に作りませんか?

ネオ縄文とは⁉　文明の道と縄文の道について

ＳＤＧｓ（持続可能な開発目標）を無視することができないほど、今の現代文明の中においては、どの国も〝サスティナブル（持続可能な）〟への取り組みが盛んになっています。

ヨーロッパなどをはじめ、世界各国は、このサスティナブルを軸に政治も経済も積極的に進めていますが、一昔前から日本は世界から

「エシカル後進国」
「環境後進国」

と呼ばれています。

確かに国や自治体のインフラから生産者の意識、消費者の意識を見ても、世界の今のサスティナブル基準からすると、日本は全体的にかなり遅れており、時代に取り残されている感覚はあります。

でも、ＳＤＧｓとは、これまでの人類文明史上にないまったく新しい取り組みなのでしょうか？

持続可能な世界を維持していくのには、あらゆる存在がみんな協力し合って循環していかないと実現できないもの。

地球が46億年も持続してこれたのは、人類が発生する以前より、動植物から昆虫、鉱物までも含めて、あらゆる存在たちがどれ１つも無駄なく必要不可欠な存在として助け合って循環していたからです。

鉱物のミネラルは植物を生かし、動けない植物は動ける動物や昆虫によって種を遠くへ運んでもらいつつも、自らを犠牲にすることで動物の命ともなり、本来は害虫も雑草もなく、微生物1つひとつの存在までもが必要不可欠であり循環の仕組みの歯車であり、パズルのワンピース。

特定の動植物などの生命が増え過ぎれば自然と淘汰され、どこかが暑くなればどこかが寒くなって地球の平均気温は一定に維持され、有機物や汚れは微生物が分解したり、時には台風や火山の噴火の自浄作用で大気も大地もすべて全自動でクリーニングされる。

水だって、地球外から新鮮な水が常に入ってきているわけではなく、基本的には地球の中でずっと水が循環しており、山のような高いところから川を下り海に流れ出し、また水蒸気となり山に雨となって降り注ぎ、山が浄水器のように綺麗に濾過《ろか》して伏流水となって地上に出てまた川へ……。

一体誰がこのシステムを作ったのか？　本当に見事な仕組みで自然界も生命も何1つ無駄なく完璧なサスティナブル惑星として予めプログラムされています。

人間だけが、今このシステムの中で異常な動きをしており、他との連携を乱して、他の歯車を破壊し、循環システムそのものを崩壊させようとしています。

自然の法則に従っていれば、必ずすべては循環して持続可能となっている。

それを知ってか知らずか、人類史上最も長く完璧に実践していたのが、日本人の祖先でもある縄文人だと思います。

古くは1万6500年前から始まり、3000年前までの1万3000年以上も続いたと言われる縄文時代は、5000年以上の歴史を誇る四大文明をも遥かに凌ぐ、世界最古で最長とも言える文明社会。

とはいえ、一般的には〝縄文文明〟と呼ばれないのは、文明の定義の1つとして人が集まる〝都市〟の存在が必要不可欠であるものの、縄文遺跡の中には都市の存在が見受けられなかったことがあります。

では都市とは何か？

都市の定義の1つは、その場所自体では食料生産が行われずに、交易や流通が盛んとなって周辺から食料やモノが持ち込まれて多くのモノと人が集まる場所のことを指します。

食料自給率が1%にも満たないのに全国・世界中のモノと人に溢《あふ》れ、総人口の1割以上を占めている現在の東京は、まさにモデル的な〝ザ・都市〟の象徴。

縄文に都市はなかったのは、それは〝作れなかった〟からでしょうか。それとも〝作ってこなかった〟からでしょうか。

縄文人の集落は、人口については非常に厳格に管理しており、確保できる食料以上に人口が増えないように慎重に調整もしていたようですが、それと同時に人口が一定数にまで増えた場合には、自然と集落が分裂して、それ以上1つの集落として拡大発展しないように意図的に避けていたとも言われています。

一般的な人類の文明の歴史からすれば、小さな集落から大きな村となり、やがて村同士の交易や流通が発展した結果、人が大勢集まる都市が生まれ、最終的に複数の都市を管理する国家が誕生してきました。

国には王様がいて、王様をトップに据えたピラミッド構造の社会が存在します。

国は人を増やし、領土を広げ、他の国から人を奪い、地球から自然を奪いながら1つの権力のもとに拡大発展を目指していきます。

ところが縄文人は、人が増えれば細胞分裂のように分散し、1つひとつの集落が自立して自給自足しており、人の命も自然も奪うことなく、他の生き物と同じように自然と調和しながら、今流行りの〝DAO（分散型自立組織）〟のシステムで社会を継続してきました。

その理由は明確になってはいませんが、恐らくは1つの集落が拡大すると都市となり、やがて権力による統治の必要性が出てくることへの懸念もあったのでしょう。

また、単純に1つの集落が大きくなり過ぎた場合は、その地の食料不足や自然災害など、何かの災害があった時に全員共倒れになってしまいかねません。そうならないようにリスクマネジメントの視点もあったかもしれません。

権力が生まれれば、やがて権力の奪い合いが生まれ、人が増えれば食料の奪い合いが生まれ、都市が生まれて文明が発達すればするほど、自然も奪われ、人の命も奪われていく。

それでも5000年以上も前に地球で始まった〝文明の道〟は、今もなお続く延長線上に全世界でピラミッド構造の社会は確立され、世界に国が生まれ、権力によって1つに統治されています。

1万6500年前から始まった〝縄文の道〟は、渡来人の到来によって一時的に姿を消しましたが、壊滅したのではありません。徐々に融合して表世界からは消え去りましたが、裏に眠って隠されたまま、それぞれの地域の大地と我々日本人のDNAにも残されて今もなお継続しています。

文明の道は、これまで人口そのものが爆発的に増加しないうちは、なんとか持続可能な（ような）社会と地球運営を騙《だま》し騙し継続してきましたが、近代になっていよいよすべての循環が立ち行かなくなり、今21世紀に大きな岐路に立たされています。

このまま破滅への道を歩むのか、それとも持続可能な文明社会への道に切り替えていけるのか。

それができないなら、世界の人口そのものを調整しながら、すべてのシステムを白紙に戻す〝グレートリセット〟の強硬手段さえも提案されています。

そこで世界の文明人たちが最後の希望として注目しているのが、都市化を避け、文明化の道を辿らずに1万年以上もの時代を継続して生き抜いてきた縄文の人々の生き方。

その暮らしそのものが、元祖サスティナブル社会であります。

縄文時代に限らず、つい最近の江戸時代でさえ、その上下水道システムは、すでに世界最先端であったと言われ、農業も肥溜《こえだ》めを使った完全循環の有機農業であり、１万年以上も前から江戸に至るまで日本は世界トップクラスの環境先進国のサスティナブル国家であったのです。

だから、今更文明の道を歩んでうまくいかなかった文明人のＳＤＧｓについていけなくとも、元祖サスティナブル民族として叡智を再び取り戻せば、本質的なＳＤＧｓで世界を持続可能な未来へと牽引《けんいん》していくことができます。

ただ、今までの文明の道が間違っているとは限らず、縄文の道が必ずしも正しいとは限らず、本当の意味で人類が〝進化〟するには、その両方の道が必要でありました。

文明の道は、物質主義の概念を中心とした男性性ピラミッド社会を発展させて文明を進化させるのに大きく貢献したと思います。

縄文の道は、精神主義の概念を中心とした女性性輪（和）の社会の基盤を築き上げ、物質文明を進化させずとも人類の意識の進化に大きく貢献してきたと思います。

文明を否定して、原始的な生活に戻るのが、進化の流れではありません。宇宙を含めた進化の法則とは、すべては定期的に原点回帰しながらも、螺旋《らせん》状にまた1段上のステージへと常にシフトしていくことです。

そういった意味では単純に〝縄文回帰〟することでは、ただグルッと1万6500年かけて元の位置に戻るだけです。それでは何の意味もありません。縄文回帰をしながらも、これまで積み上げてきた文明の叡智も融合させるためにも両方の力が必要となります。

新しいけど古いもの、古いけど新しいもの。
それがネオ縄文。

古いものだけでも不完全、新しいものだけでも不完全、2つの翼が揃って大きく進化し飛躍することができます。

特に今から人類が進む道は、その先に大きく飛躍しないと越えられない壁があり、その壁の先は絶壁で、もう道さえもないほどの大変化の時代が待っています。

地の道を歩むステージから、両翼を羽ばたかせて空の道へと飛び立つほどの大きなシフトチェンジが求められており、これまでの文明の道もすべて、この時のための滑走路として活かして飛び立つ時であります。

滑走路はどこまでも続くものではなく、文明の道だけの不完全なまま、いくらサスティナブルを掲げても本質からはズレてしまい、壁を越えて空を飛ぶことはできません。

そして、今更縄文の道に戻ろうにも螺旋の法則からは逃れられず、いくら精神主義だけを重視しても、この物質社会の現実世界を完全無視しては同じく次のステージへは進めません。

地上から空へ、平面から立体へ。

見える世界だけから、見えない世界も見える世界も両方が見える世界へ。

それが本当の意味の〝アセンション(次元上昇)〟であり、そのためには陰でも陽でも、マイナスでもプラスでもない統合・融合・中庸・調和が大切になります。

2つが1つ、ニホンが1本となるのが日本。

ネオ縄文としての本当の日本がこれから始まります。

第2章

2030年以降の“スーパーデンジャラス期間”に備えることが重要!?

風の時代本番に破壊と再生の象徴、冥王星が水瓶座に入ったことの意味!?

占星術の世界においては、話題の〝風の時代〟。

地球の文明は、宇宙の流れとも深くリンクしており、おおよそ200年ごとにエレメントという名の時代のテーマが変わりながら変遷していくと言われています。

1600年代から〝火の時代〟が200年続き、文化や思想の革命の時代となり、1800年代からは産業革命を筆頭に物質主義、現実主義の〝土の時代〟が200年続きました。

土の時代の社会は、まさに金融世界を中心とした資本主義経済が大躍進した時代でもあり、テクノロジーが大幅に進化して、今ではジャングルの奥地でもインターネットが繋がり、先住民でさえもスマホでコミュニケーションを図り世界中の情報を得られる時代です。

２００年の土の時代の中における最後の周期が、１９８１年から始まり、２０２０年12月21日で一区切りとなり、そして、いよいよ次なる２００年の〝風の時代〟が２０２０年12月21日から少しずつ始まりました。

〝風の時代〟は、もっと精神性などが重視される時代であり、これまでの物質主義に偏った考え方や価値観が見直され、より統合的な社会や文明へと変化していきます。

２０２０年12月21日から天体は〝少しずつ〟風の時代に入ってきたものの、まだ完全には風の時代は始まっておらず、風の時代本番へと突入するには、そこから約４年もの歳月が必要でありました。

そして、その４年の間の最後の決め手となるのが〝冥王星〟の動きとなります。

10天体の中で最も動きが遅く、ジワジワとゆっくりゆっくりと時計の針を進めていた冥王星が、ようやく２０２３年３月23日に山羊座から水瓶座（風の時代）に入りました。

２００８年から始まった冥王星山羊座時代から実に15年ぶりであり、冥王星が水瓶座に帰ってくるのは、実に２４０年ぶりとなります。

「破壊と再生」

の象徴である冥王星が星座移動をすると、最もゆっくり動くだけに、その影響力は、あらゆる天体を上回るほど大きなもの。

文字通り〝破壊と再生〟のために、古いものは壊され、新しいものを生み出すエネルギーを与えます。

この冥王星が水瓶座に入ったことで、風の時代は本番となりますが、冥王星の水瓶座入りには、２回〝逆行期間〟というものがあり、１度、２度と水瓶座入りするものの、また再び一時的に山羊座に戻る（ように見える）期間があります。

１度目は２０２３年６月11日から２０２４年１月21日まで。

2度目は2024年9月2日から2024年11月20日まで。

熱いお風呂に入ろうとして、最初は片足だけ入れてすぐに出て、次は腰まで入って、少し入るけどまた出て……みたいなことを繰り返します。

それでも2024年11月20日からは、もう後戻りしない冥王星水瓶座入り本番がスタート。

2020年12月21日から始まった〝風の時代〟の最後のワンピースとなる強烈な時計の針が動き出し、世界は破壊と再生に向かって大きく揺れ動くことでしょう。

すでに2023年春分頃から、冥王星のエネルギーは大きく風の時代へと影響を及ぼしていましたが、2025年からは、さらなる時代の大革命が始まります。

何かと世紀末のような情報が飛び交う2025年ですが、2025年は終着点ではなく、むしろ大革命時代の始まりとなります。

さらに次項でより詳しく見ていきましょう。

２０２４年11月20日から始まった冥王星水瓶座時代は、世の中の「大変革」「革命《レボリューション》」が起こる時期⁉

２０２４年11月20日から

「〝冥王星〟が〝水瓶座〟」

に入りました。

「物事の根本的な変容＝改革・革命」

を司る冥王星が、水瓶座に入るのは、２４０年ぶりのことであり、このまま約20年間、２０４３年３月９日まで続きます。

【冥王星水瓶座時代（2024年11月20日－2043年3月9日）】

占星術や宇宙の法則からすれば、この期間はかなりの確率で世の中の大変革
「革命（revolution）」
が起こりやすい期間。

240年前の前回の冥王星水瓶座時代は
「1777年から1798年」
の期間であり、世界では一体どんなことが起こっていたでしょうか？

【アメリカ革命・独立戦争（１７７５年－１７８３年）】

アメリカ革命と呼ばれるイギリスからの独立戦争は、冥王星水瓶座時代の直前から始まり、そして独立革命を果たしました。


【フランス革命（１７８９年）】

歴史上の〝革命〟の代名詞と呼べるフランス革命は、冥王星水瓶座時代のちょうど真ん中に発生しています。


【イギリス産業革命（１７６４年－１８３０年代）】

一般的にイギリスの産業革命は、１７６４年ハーグリーヴズがジェニー紡績機を発明した頃から始まり、冥王星水瓶座時代に入って一気に進み、蒸気機関車による鉄道が各地に開通し始めた１８３０年代までとされています。

誰もが名前を聞いたことがある歴史的な3つの〝革命〟のすべてにおいて、この冥王星水瓶座入りの時期と重なっており、近年もすでにコロナパンデミックや各地の紛争・戦争が始まっていますが、今後未来において

「あの時期が今に繋がる革命の時だった」

と呼ばれる大維新は、これから先の20年以内に発生する可能性が極めて高いものです。

〈世界覇権国の変化〉

特に242年前に始まったアメリカという大国は、もう役割を終えて基軸通貨ドルとともに、この20年で表舞台のトップから引退する流れになってもおかしくはなく、また新たなアメリカに代わるような大国の芽が出始めてもおかしくはありません。

〈世界支配者の変化〉

フリーメイソンが大きく関与したと言われるフランス革命でしたが、彼らフリーメイソンの役割もまた、この期間に大きくステージが変わり、次のミッションへと移る可能性が

あります。

〈エネルギー革命〉

今の世界経済から社会構造、エネルギー問題におけるすべての原点とも言えるのが、イギリスの産業革命です。石炭から始まり、石油に移り、そして様々な地下資源エネルギーや自然エネルギーを包括しながら、いよいよ次は世界をひっくり返すような〝エネルギー革命〟が起こることも十分に考えられます。

世界全体を見ても、２０２４年11月20日からの20年間は、宇宙の流れ的に目を離せないというか油断ならない時であり、いつどこでこれまでの常識が覆され、革命的な出来事が様々な分野において起こるかわからない時期となります。

【令和の大飢饉!?】

ところで前回の冥王星水瓶座時代の240年前、18世紀後半の日本では何かの革命があったのでしょうか？

【寛政《かんせい》の改革（1787年－1793年）】

さて、少し中学生の頃の歴史授業の振り返りになります。

この江戸時代中期の頃、松平定信が老中在任期間中の1787年から1793年に主導して行われた幕政改革がありました。

それが、寛政の改革。

享保《きょうほう》の改革、天保《てんぽう》の改革と合わせた三大改革と称されるうちの1つで、日本史の中でも極めて重要な改革でありますが、この寛政の改革をした背景には冥王星水瓶座時代における日本に大きな試練の出来事がありました。

【天明の大飢饉（１７８２年－１７８８年）】

それが、天明《てんめい》の大飢饉《だいききん》というもの。

これは、江戸時代中期の１７８２年（天明２年）から１７８８年（天明８年）にかけて発生した飢饉であり、江戸四大飢饉の１つで、日本の近世では最大の飢饉とされています。

日本も近年は異常な気候・気象が続き、秋でも冬でも暑い日々が全国的に続いてますが、１７８２年から83年にかけての日本の冬は異様に暖かい日が続いたそうです。

道も田畑も乾き、時折強く吹く南風により地面にはほこりが飛散する有様だったとか。

空は隅々まで青く晴れて、冬とは思えない暖気が続き、人々は不安げに空を見上げることが多くなった中、１７８３年４月13日には岩木山が、８月５日には浅間山が噴火し、各地に火山灰を降らせました。

火山の噴火は、それによる直接的な被害にとどまらず、成層圏に達した火山噴出物が陽光を遮ったことによる日射量低下で冷害をさらに悪化させることになり、農作物には壊滅的な被害が生じ、翌年（１７８４年）から日本全国で深刻な飢饉状態となりました。

そして、当時の日本人は気づいていませんでしたが、実は日本国内の火山の噴火だけでなく、この１７８３年はアイスランドのラキ火山も大噴火を起こし、これが世界的にも深刻な冷害を引き起こしていたようです。

このラキ火山の噴火の影響が長引き、フランスでの食料不足や農家の貧困が１７８９年のフランス革命の遠因となったとも言われています。

つまり、前回の冥王星水瓶座時代に入って6年後に日本国内、世界でも火山が大爆発を起こして地球環境・気候が大きく変化してしまい、それが

「大飢饉＝食糧危機」

を引き起こしていたのです。

江戸では、その後に米価格も高騰して、一揆や打ちこわし（都市の貧しい民衆が、米価の引き下げを求めて富豪を襲撃する暴動）が発生しました。

さらに１７８３年の浅間山の噴火によって火砕流が流下し、大量の土砂が下流の利根川本川に流れ出して、河床の上昇を招いたことで

「天明の洪水」

という大洪水による大被害を１７８６年に江戸に引き起こすことになりました。

噴火に飢饉に一揆に大洪水と、あっちもこっちも日本国内では災難が続いた大変な状況になり、その対応にずさんだった前老中が退任させられて、後任の松平定信が、寛政の改革を行ったのです。

「歴史は繰り返す……」

という言葉があるように、宇宙の法則も繰り返すというか、逃れられない宿命を考えると、この2024年11月20日から再び冥王星水瓶座時代に入り、この先、地球環境や社会情勢にも大きく変化や革命が起こる可能性があります。

日本もまた火山をはじめ、地震や水害が発生してもおかしくはないし、天明の大飢饉ならず

「令和の大飢饉（食糧危機）」

が起こってもおかしくはないサイクルに入っています。

そして、それらの自然災害や食糧危機に対して対応がずさんとなったら、これから政治を担う政権や政治家たちが責任を問われる事態になることも。

でも、そんな時になって国を責めても、政治家を責めても現状は変わらず、我が身も家族も周囲も自分たちである程度は身を守ることを今から準備しておくことも大切です。

これから20年、特に前半10年（２０３４年まで）は、十分に自然災害などにも警戒する必要があり、そして食糧危機に対しても備えをしておくこと。

そして国が頼りにならない時も自分たちで生きるに必要な環境を整えておく必要があります。

いざという時、今の場所にいられない状況が差し迫った場合に行く先の宛《あて》はありますか？

田舎の実家、親戚のお家、別荘や知り合いのお家などなど、そういった選択肢がある方はまだしも、他に行く宛がない方は、いざという時の一時避難、もしくは一定期間の滞在先の候補は確保しておいた方が良いと思います。

とはいえ、単純に身内や知り合いのいる田舎に行けばなんとかなるとは限らず、そこが十分な自給自足や備蓄、水やエネルギーなどもしっかり確保されている環境でなければ、下手に都会から人が押し寄せたのでは迷惑に他ならず、現地の人も自分たちの身を守るだけで精一杯であり、他所《よそ》から来ることを拒まれる可能性だってあります。

2032年以降、世界は氷河期に突入する⁉ 磁気エネルギー、太陽黒点の動向に注意⁉

これから先に地球は

「小氷河期」

に突入する可能性があります。

先に、その時期をお伝えすると

「2032年頃〜」

が要注意です。

とはいえ、小氷河期が訪れるかどうかは、〝太陽黒点〟がポイントです。太陽黒点が2032年頃から太陽表面に現れない時期が一定期間始まったら、早急に様々な対応をすることが必要となります。

順を追って、まずは太陽の活動について説明していきます。

太陽には

「11年周期」

という恒星のバイオリズムがあり、11年間かけて、太陽黒点が増減します。

前半約5・5年：太陽黒点増幅→太陽活動が活発化→太陽フレアが発生
後半約5・5年：太陽黒点減少→太陽活動が停滞化→太陽フレアが減少

太陽黒点が増えると、太陽黒点から太陽フレアが発生し、この爆発の規模は、小さなものでCクラス、中規模でMクラス、大規模でXクラスと分類され、それぞれ1〜10のランクによってさらに細かく規模が分けられています。

C10＝M1、M10＝X1となり、Xは10以上もずっとX。

Xクラスは年に数回、Mクラスは1ヶ月に1回あるかないか、Cクラスは黒点があると頻発に発生します。

遠く離れた地球におけるポイントは、この太陽フレアの発生の有無というより、発生した際にCMEと呼ばれる

「太陽ガスの放出現象」

が起こるかどうか、またそれが地球方向に向かっているかどうかであります。

「太陽フレアの発生　↓　CMEの発生　↓　地球方向に向かっている　↓　磁気エネルギーが地球に到達」

という流れがあり、暖かい日差しだけの役割の太陽と思いきや、光以外にも太陽からは様々なエネルギーが地球には届いており、その1つに〝磁気エネルギー〟があります。

この太陽から放出される磁気エネルギーは、発生から2日、3日で太陽風に乗って地球へと到達。

すると地球の地殻へと摂り込まれ、そこで電子レンジでチンしたようにマグマがグツグツと刺激され、地球の生命活動を活性化させます。

その結果、台風が発生したり、地震の発生や火山の噴火、巨大な雲やオーロラなどの現象として地表に現れます。

問題は磁気エネルギーの影響を受けるのは地球だけでなく、人間や人間の造った社会も同じです。

太陽フレアによって通信・電子機器に異常が発生することは、ニュースでもよく話題になっている話ですが、もっと敏感に影響を受けるのは地球と相似形、磁気によって生命活動を営んでいる人間も同じなのです。

太陽から一気に強い磁気エネルギーを浴びると生命活動は活性化しますが、一方で処理しきれず、強烈な眠気やだるさ、頭痛や発熱など、突発的に身体や精神に何かの影響を受けることも多々あります。

太陽フレア1つ見ても、これから十分に注意が必要な出来事ですが、今回お伝えする重要なポイントは〝黒点〟について。

太陽の観測が始まってから、科学の世界はまだ数百年の歴史しかありませんが、その間に11年周期の太陽活動も現在第25周期を迎えています。

「Solar Cycle 25」

と呼ばれる現在のサイクルが始まったのは、２０１９年後半から２０２０年前半。

そう、世界がパニックへと陥った新型コロナウイルス蔓延のタイミングであります。

もちろん、今回のパンデミック騒動は、一部は大袈裟なメディア報道や世界的な情報統制もあって、過剰に恐怖を煽《あお》られたインフォデミックでもありますが、でも実際に多くの人々がウイルス感染によって、それなりに健康被害が出たのも事実です。

パンデミックもまた〝１００年周期〟というものがあり、今回のコロナ騒動は、１００年前のスペイン風邪ととても似ていると言われてますが、太陽活動の周期も11年のような短い黒点活動の周期もあれば、長い目で見ると、中長期的な周期もあります。

やはり太陽活動もまた、100年前のパンデミックが流行った時と同じような周期に入っており、そんな中で新型コロナウイルスが蔓延したのは、ある意味周期として必然なのかもしれません。

太陽活動によって、ウイルスの猛威が増すのか？

それとも、太陽活動によって、人間の免疫力が低下するのか？

その両方の可能性がありますが、実際に人間の白血球数と太陽の黒点数のリズムは、見事なまでに一致しています。

太陽黒点数が増加すると、白血球が減少となる人が増加します。

つまり、それは免疫力が低下することを意味します。

実際、インフルエンザの大流行は太陽黒点が増加した年に集中しています。

「でも、２０１９年後半から２０２０年前半は、太陽黒点は低迷期（＝白血球増加）では？」

となりますが、これがまた不思議な宇宙の摂理で、通常は

太陽黒点数が増加↓インフルエンザ流行・地震や火山の噴火が増える

のが11年周期でも一般的なのですが、11年周期の中でも

「稀に見る大災害」

が発生するのは、太陽活動がピークの時よりも、黒点がゼロに近い終息期の方となります。

それもまた100年前の太陽周期と似ているとなると、この2019年後半からは、世界的なパンデミックが起こってもおかしくはないタイミングでした。

なお、自然災害やパンデミックに限らず、世界的な騒乱の事件も太陽の黒点活動とシンクロしており、太陽黒点数が増加すると、世界の軍事行動などが増加する傾向があります。

とはいえ、世界大戦のような大戦争は、その流れとは必ずしも同期するわけではなく、やはり太陽黒点が最も停滞するタイミングの方が、大戦争の発生リスクも大きいと言われています。

現在の第25周期の太陽活動の流れとしては、2025年をピークにまだ極大期に向けて上がっている最中であり、このまま先になればなるほど、太陽黒点数は増加し、太陽フレアもまだまだ大きなものが頻発するようになります。

すると、ますます地球は電子レンジで〝チン〟されまくるので、2025年は特に大きな自然災害や戦争、そして免疫力の低下にも注意となります。

とはいえ、これは一般的なパターンの場合での〝危険年〟であり、１００年に1度とか、史上最大とか言われる〝超危険年〟は、太陽活動が静かになる時であることは前述しました。

現時点の第25周期の終息予測は、２０３２年頃なので、この辺が実は静かになったところで、突発的に一発がやってくる可能性のあるタイミングだということです。

そして、その超危険年をも上回る〝スーパーデンジャラス期間〟となりえるのが、次なる太陽活動の第26周期以降の流れ。

太陽活動そのものは、確かに地球のマントルを活性化させ、良くも悪くも様々なものが動き、活発化しますが、太陽によって生かされている地球全体の環境は、太陽活動がまったく動かなくなると、逆に一気に大変化を起こします。

それが起こり得るのが、小氷河期というもの。

小氷河期が起こる条件は1つ、太陽黒点の11年周期が一定期間止まる時。

「1645年から1715年」

なんと、70年間も黒点がゼロを観測するという太陽活動の異常な時期が、地球の歴史の身近な過去にはありました。

これを

「マウンダー極小期」

と呼び、太陽に黒点が発生せず、そのままフレアの活動がないために、地球が年々冷えていくことになったのです。

この70年間は、世界的に環境が大きく変化し、北半球でも凍るはずのない運河や湖が凍ってしまったり、世界的に食料不足ともなり、また危険なウイルスのパンデミックも大流行したりしました。

そして、自然災害。

富士山の大噴火（宝永４年　１７０７年）は、このマウンダー極小期の期間でした。

今の太陽の大きなリズムの中で

「第26周期以降に再びマウンダー極小期のような期間が始まるのではないのか？」

という専門家の見方があり、そのため２０３０年以降の世界環境の大変化が危惧されています。

もちろん第26周期も第27周期も、その先もしばらく太陽黒点は安定した11年周期を保つ可能性もあり、そうすると、世界は大きく変化はせずにソフトランディングで文明は変わっていきそうですが、もしどこかで太陽黒点に異常が発生した場合、かなりの確率で世界的な食糧危機や大災害、これまでとは比較にならない、本当のパンデミックなども起こり得るので、太陽の動きには特に注意が必要です。

とはいえ、2032年までまだ十分に時間はあり、八ヶ岳をはじめ、日本全国に十分な受け皿を作る時間もありますし、後述しますが、今後人々の意識変容が急速に進めば、それらの問題も大きな問題ではなくなる可能性もあります。

第3章

ご当地ごとのご統治!?
日本ではない自治区!?
ネオ縄文のDAOコミュニティ
ネットワーク

古い大木（金融社会）は役割を終えて倒れるが、その足元には新しい芽が……!?

これから起こる世界維新とも言える大革命は、正しい情報と視点がないと世紀末のように感じる人もいるかもしれません。

今回の大革命は、世の中の立て替え・立て直しであり、住宅で言えば大リフォームどころか、１度取り壊して新しい家に建て替えるような大きな変化です。

自分の家が建て替えられることを知らない住民は、ある日に突然ショベルカーなどの重機がやってきて家の壁や屋根を壊されたら驚いてしまいますね。

次々に壊されていく我が家を見ては、この世の終わりのような絶望の淵に立たされると思いますが、これが新しい家に生まれ変わるための取り壊しだと知ったら、その瞬間ホッとするどころか嬉しくなるでしょうし、事前に知っていたら、この取り壊しが始まった時

から

「いよいよ始まった」

とワクワクする人もいるかもしれません。

起こっている出来事は同じなのに、それがなぜ起こっているかを理解している場合と理解していない場合にその受け取り方は、天国と地獄に分かれるほど１８０度違うもの。

産業革命などを経て土の時代に芽が出て生まれた小さな木（社会）は、やがて資本主義経済というテーマを掲げて大きな大木へと２００年かけて育ち、十分に育ち切ったところで、いよいよ大木も枯れて役割を終える時。

ただしすぐに大木が倒れるのではなく、その足元では、すでに風の時代の新しい芽が育ってきていて、少しずつ新旧の木々の入れ替わりが始まっていると思いますが、古い大木にずっとしがみつく……そうして古い時代の概念や価値観、組織・権力にしがみつき、手放せないでいると、大木が倒れる時に一緒に巻き込まれて怪我をしてしまうかもしれません。

大切なのは、古い大木にだけしがみつこうとするのではなく、新しい芽が出ていることにも目を向け、俯瞰《ふかん》的に両方の木々の変化を冷静に見つめる視点を持つこと。

古い大木が枯れていく時は、今まで当たり前だった常識や信じていた概念も崩れてしまい、時には古い時代の社会全体の機能も次々に崩壊していくこともありえます。

お金が第一である今の金融社会もまた、その大きな大木の魅力的な果実の1つだったかもしれませんが、もうそれも枯れて消えてしまう、役割を終えて新しいシステムに変わる可能性もあります。

でも、これは立て替え・立て直しのすべてのプロセスであり、終わることはすべて始まりであることを忘れないで頭に入れておけば、これから起こる大混乱の時代も、冷静に前向きに乗り越えていくことができると思います。

新しい大木の芽は、もう育ってきており、世界中で新しい概念や新しい世界を創る活動が始まっています。

そして、日本でも八ヶ岳から新しい時代の雛形となる社会づくりが始まっています。

異常なまでに大量増殖した地球人という種族の行方は!?

2022年11月15日に世界人口は80億人を突破したというニュースが流れました。

僕が生まれた1982年は、まだ世界人口は40億人だったので、僕が生まれた頃よりも世界の人口は倍以上になっています。

イエス・キリストが生きていた2000年前、世界の人口はわずか3億人しかいなかったそうです。現在のアメリカ合衆国ぐらいの人しか世界中いなかったわけですね。

そこからインカ帝国が滅びる頃の500年前までも世界人口は5億人ほどだったというから、このイエス・キリストの時代からインカ帝国が滅びるまでの1500年間で、わずか2億人しか増えていません。

1500年で3億人から5億人に増えただけ。

でも、この直近500年で一気に80億人に増えたというのは、やっぱり人類の歴史からすると異常な増殖量であります。

〝蝗害《こうがい》〟という言葉があります。イナゴなどのバッタ類が大量発生して作物に大ダメージを与える被害をニュースなどで目にしたことがあると思います。

空が暗くなるほど多くのバッタが飛び交い、作物を食い尽くす光景には、あまりにも不気味なイメージがありますが、人間以外の生物や地球を遠くから観察している存在があれば、もしかしたら今の地球人の増加も蝗害と同じように見えているのかもしれません。

地球を覆い尽くし、資源を食い尽くしてしまう地球人という種族……。

生まれた頃から数十億人も世界に人々がいるのが当たり前の世界で過ごしていると、この社会が昔は実際どうであったかを想像するのは容易ではありませんが、日本列島もまた、縄文時代の頃でも多くて25万人前後と言われているので、今1億2000万を超える人口が日本列島にいるのは、当時の人の感覚からすれば異常な人の数であります。

でも、西暦2058年には、世界人口はついに100億人の大台を突破してもまだ増えることが予想されています。

現時点でも世界、地球全体で見た場合には、11人に1人が満足な食事と栄養を得られない飢餓に直面していると統計的には言われています。

さらに2050年代の100億人の時代には、今よりもさらに1・7倍以上も食料需要が増加することが予想され、今のままでは世界の5人に1人、約20億人もの人々が飢餓で苦しむ可能性があると予測されています。

２０５０年代は、まだまだ先と思いきや、25年はあっという間でもあり、そう遠くない未来に今のシステムのまま変わらないと将来の人口増加とともに間違いなく世界的に食糧危機がやってきます。

それでなくとも、今は異常気象が正常気象となり、こっちで大洪水が起これば、あっちで大干ばつも起こり、世界各地で火山の噴火も頻発していれば、あちこちで戦争や紛争も起こっており、様々なリスクを考えると、外での露地栽培では、今まで通りの食料生産量を安定的に維持できるかどうか不安視されている世の中となっています。

そんな中で、昨今新たに注目されている新しい食料源が、日本でも近年話題となった昆虫食。

昆虫食は、肉や魚、大豆に代わるタンパク源として有効とされ、直接食べるのに抵抗がある人のためにも、ご丁寧に今は粉末化されて加工品に混ぜられて流通しています。

さらには、家畜や養殖の飼料として活用されることも進められています。

これまでも家畜や養殖の餌は、抗生物質がたっぷり混ぜられたケミカルな飼料であったり、遺伝子組み換え飼料が使われていることが危険視されていましたが、今後はさらに昆虫飼料も加わってきます。

さらにまた農業にも、最近はコオロギの排泄《はいせつ》物や脱皮した殻などを有機肥料として野菜を栽培する農家も出てきてます。

昆虫食が未来の地球人の中心的な食料源となった場合、極端な話、パッと見は、野菜やお肉、魚の姿をした食材を使った料理が食卓に並んでいたとしても、その原料を突き詰めていくと、ほとんどすべてが昆虫からできていたような社会が将来やってきてもおかしくはありません。

とはいえ、食糧危機を語る前に、今の大量生産・大量消費の世の中においては、そもそもフードロスの問題も大きいので、まずはそこから改善するだけでも将来の食糧危機はだいぶ軽減されます。

日本のフードロスは年間約５００万トン以上、世界では年間25億トン以上もあり、生産された食料のうち年間40％も廃棄されている現実があります。

日本人１人あたりに換算すると、毎日おにぎり１個を捨てているようなものです。

毎日おにぎり１つさえも食べることができない人が世界にはたくさんいるのに、人が多すぎて顔が見えない社会には見えない問題が山積みであり、ちゃんと配分すれば、１００億人時代が到来しても、皆が豊かに暮らせる社会は作れる可能性があります。

また、食べ物だけではなく、お金の問題も日本だけ見てもたくさんあります。

日本人の現預金は今、１１００兆円以上もあり、企業の持つ内部留保のお金、貯金みたいなものも５００兆円以上もあると言われています。

一方で日本は5人に1人が年収200万円以下であり、ひとり親家庭の貧困率は50%を超えていて、今日明日を生きるのに必死になっている人が大勢いるだけでなく増えています。

それでも食べ物と同じで、余っているところには、お金が余っている。

食べ物は捨てられていますが、お金は捨てられてはいないものの、眠ったままのお金が計り知れないほど実在しています。それらが少しでも市場に流れたら経済も豊かになるし、困っている人に、その一部でも差し上げたら今日明日をもっと安心して生きられる人も増えていきます。

真逆の世界！　2極化！　100億人が繋がれるワンワールドか!?
100億人が自ら繋がり合って生きるワンネスか!?

これが100億人ではなくて、100人しかいない村だったら、食べ物も分け合ったり、お金も上手に分け合って、あとはお互いできることで助け合って生きていけますが、やはり100億人クラスの地球集落になると簡単にはいきません。

100人しかいない村社会なら、1つの場所に集まればお互い全員の顔を見れる程度だし、1人ひとりの存在を全員がお互い認識し合っている世界となります。

この顔が見える範囲で、今日食べるものがない人がいたら、すぐにでも誰かが提供できることでしょう。

着るものがないとなれば、すぐに貸せる、もしくは差し上げることのできる衣服もあることでしょう。

今日、寝る場所がないとなれば、泊めてあげる人も大勢いると思います。

家族の中で何かに困っている人がいたら、無償でサポートをしたり、時にはお金に困った家族がいれば、貸し借りではなく親から子供に支援したり、その逆もあることでしょう。

血の繋がりはなくとも、お互い家族のように100人がよく知った関係であれば、損得や利害関係を超えて、無償の愛でお互い助け合える。

そんな100人レベルの集落が、世界に1億箇所あれば同じ100億人となり、同じ100億人の地球文明でも、この場合はすべてがうまく循環するかもしれません。

100億人を1つと考える〝ワンワールド〟の世界では、1つに管理されているだけで、中身は分断された意識と自立できていない集団の集合体であり、そこでは自分以外の他人には目を向ける余裕もなければ、自分さえ良ければというエゴが剝き出しになります。

資本主義経済を中心とする大都市の一極集中型の文明社会の中においては、このワンワールドの世界がさらに大きく1つになっていき、これからの未来の地球社会は大きく2つの社会へと2極化して分かれていくと思います。

100億人が繋がれて生かされるワンワールドの社会と、100億人が自ら繋がりあって生きるワンネスの社会へと。

見た目は同じ１００億人の地球人集落であっても、中身は全然真逆の世界であり、１００億人が繋がれているワンワールドは、首輪をつけられて、鎖に繋がれている状態。

そこで餌を与えられ、それはやがて昆虫となるかもしれませんが、生きているのではなく支配のために生かされているワンワールド。

同じ生かされるのでも、目に見えない偉大なるサムシング・グレートのような存在、それこそ大自然に生かされ、意識としても1つに繋がるのがワンネスの社会。

どっちの社会で生きるのか、これは必ずしも2つのうちから1つを選択するのではなく、このワンワールドの世界の波からはすぐには抜けられないので、しばらくは二足の草鞋《わらじ》として生きるのが現実的かもしれません。

表向きは一般社会に生きていながらも、１００人の小さなコミュニティ社会にも片足を入れて属しておく。

ワンワールドの社会では、旧時代の旧価値観の学校教育や医療、働き方や暮らしに限定されてしまいますが、ワンネスの社会には、もっとコミュニティごとに個性ある学校教育や医療もあり、暮らし方も様々な選択で選べるようになります。

そもそも社会そのものも、ワンワールドだけでなく選択可能な〝代替社会（オルタナティブ・ソサエティ）〟があってもよく、これからは医療や学校に限らず、社会そのものを自分好みの社会として選べる時代になってくると思います。

農業1つにしても、農薬も肥料も使わない栽培が良ければ、それを実践しているコミュニティを選び、なるべく自分たちで生産したものを日頃から安心して食べる。

医療1つにしても、薬や西洋医学を使わない医療が良ければ、代替医療を導入しているコミュニティを選ぶ、学校もまた同じように一般的な学校教育だけがすべてではなく、もっと多くのオルタナティブな選択肢があっても良いと思います。

個性に合わせて社会も自由に選べるのが、これから始まる風の時代。

「誰にとっての理想社会なのか？」

ワンワールドの国家主体の理想世界は、権力者にとっても理想社会であり、管理された共産主義社会となっていきます。

でも似ているようですが、トップダウンの共産主義ではないボトムアップの自立分散型の〝共産的社会〟です。１人ひとりもコミュニティ同士も自発的に自立した状態で繋がりあった助け合いの理想社会ネットワークであり、これがポスト資本主義の象徴となっていく可能性もあります。

もちろん何かの主義主張を掲げてそれを目指して作り上げるのではなく、結果的に自然と成り立つ社会が次の時代の理想社会であると思います。そこにはピラミッドの頂点に君臨するリーダーはいなくとも、円の中心にいて全体を統率する中心的存在となるリーダーは必要不可欠であるとは思います。

円《まる》には、必ず中心となる〝✓（チョン）〟があり、1人ひとりも円チョン、コミュニティも円チョン、そんな中心のある円チョンのコミュニティ同士が連結し合っていくバブルの世界が、ネオ縄文のＤＡＯコミュニティネットワークになると思います。

自分たちの暮らしを守り、社会を変えるのには、政治を変えていくのが1つの方法ではありますが、政治の世界は大きくなればなるほど、色々な意味で変化させていくのが難しい世界です。

思っている以上に普段生活して認識している実際の社会は広く大きく、東京都に至っては、２０２５年現在の人口は１４００万人以上もいます。

人口１０００万人以上の国は世界90カ国ほどであり、半数を超える１００カ国以上の国々は東京都よりも遥かに小さな国々です。

東京都は世界で見た場合には中規模ほどの国と言っても過言ではありません。

同様に残り46道府県の自治体の政治を変えていくのも、東京都に次いでハードルはなかなかに高いものとなります。

一方でまた全国の市町村の数は、現在１７１８市町村あると言われています。

47都道府県に比べると多く見えますが、明治時代の頃は今よりも全国の人口は３分の１ほどの４０００万人ほどだったにもかかわらず、全国の町村（市がない頃）の数は、なんと7万１３１４町村もあったそうです。

それが明治の大合併（１８８８年～１８８９年）で7万１３１４から1万５８５９市町村へと約5分の１へ減少。

続く昭和の大合併（１９５3年～１９６1年）では、９８６8から３４７2市町村へと約３分の１に。

そして平成の大合併（１９９９年～２０１０年）によって３２３２から１８２１市町村へと約半分に。

明治の頃に比べて現在の市町村数は97・６％も減少していることになります。

逆に言えば、明治の頃は今の40倍以上もの市町村があったことになります。

今より遥かに人口密度が低いのに、一歩外の世界に出たら数多の地域コミュニティが存在している。

ご当地ごとのご統治。

都道府県の数は、今と変わらない47都道府県でありましたが、その中身は大中小、様々なバブル（泡）が大量に入り混じった社会であり、特に小さな小さな泡（村）が昔は多かったのです。

小さな泡が中規模の泡に吸収され、やがてすべて大きな泡に吸収され、その合併の繰り返しによって日本全国から少しずつ町村が減り、現代の市を中心とした行政区域へと変遷していったのです。

数十人しかいない集落なら、1人ひとりお互い家族のような関係であり、それぞれの個性が目立ったとしても、それを抑え込まずお互い理解して生かし合う社会を維持できますが、人が増えれば増えるほど、一般的ルールが必要となり、やがて管理社会となって個性が潰されていきます。

村が町となり、町が市となり、市は都道府県規模の地方自治体に管理され、地方自治体は国に管理され、その国さえもまた今は世界の権力に管理され……。

少しずつ世界は1つのワンワールドへ。

そういった中においては、これから絶滅危惧種として貴重な存在となるのは田舎の村であり、地方にある村を守っていく、その村の政治を若い人たちが担っていくことも重要かもしれません。

ただ、村は村で高齢者率においては、逆に都会とは比べ物にならないほど高いものであり、小さな村となればなるほど、古い価値観のしきたりや一般社会の世間体が町よりも厳しい社会である場合もあります。

とはいえ、誰もが日本に暮らす限りは、どこかしらの市区町村に属することになりますが、僕からの提案としては、そこにさらにコミュニティを加えた〝市区町村＋α（コミュニティ）〟が、これからの日本社会には必要だと思っています。

そして、コミュニティにも多種多様なタイプやサイズがありますが、どこかのタイミングにおいては、日本でありながらも日本ではない〝自治区〟へと独立することも視野に入れることが大事だと思います。

日本そのものは、とても素晴らしい国ですが、今のままの日本が続くと、これから先にどんな管理社会の日本へとなるかわかりません。

その日本の国が変わること、自治体が変わることをただ期待し続けて政治を待っているよりは、自分たちにとっての理想郷を自分たちの手で日本から独立しても作り出すような覚悟も必要かもしれません。

我々は日本人でありながら、遥か以前より、この地で暮らしていた縄文人の末裔でもあるので、先住民としての権利で自由な社会づくりを実現したい。

八ヶ岳なら縄文ゆかりの地でもあるから、そんな〝縄文特区〟として独立した自治区を作るのも面白いかもしれません。

その1つの雛形をまずは日本に、八ヶ岳に作ろうと始まったのが、キブツ八ヶ岳のコミュニティ活動となります。

第4章

エンディング・ヴィレッジとは、お金がなくなっても楽しく困らない暮らし、そして心（魂）の繋がりのある“家族”に看取られて安心に過ごせる理想郷!?

お米で繋がるエリア型コミュニティ〝キブツ八ヶ岳〟とは!?

改めまして、キブツ八ヶ岳代表のたきさわたいへいです。

１９８２年仙台生まれの首都圏育ち、カマもクワも１度も持ったことがなかった僕の転機は東日本大震災でした。

「自給自足できる新しい社会モデルを作る」

２０１１年の東日本大震災をきっかけに首都圏を離れ、まずは富士山麓で自ら農業を始めることからすべてが始まりました。

「自然災害だけでなく、お金が使えない時代となっても〝給料〟の代わりに〝食料〟を配ろう」

2013年には、より自然が豊かで新しい社会作りに適した八ヶ岳南麓（山梨県北杜市）を拠点に定め、事業活動もしながら農業も実践する〝半農半X〟の会社型コミュニティを目指しました。

ところが、会社型コミュニティは、会社の資本力によって受け入れできる人数にも限界があるため、多くの人々を受け入れる（雇用する）には、それだけ会社の規模を大きくしていく必要があります。

僕を通じて八ヶ岳へ移住してくるメンバーが増える一方で全員を雇うこともできませんし、また会社の規模が大きくなると様々な職種のスタッフが必要となりますが、一緒に働くメンバーが必ずしもコミュニティに関心が高いとも限りません。

そんな中、2014年に初めて訪れたイスラエルでは、砂漠の地で自給自足をしているエコ・ヴィレッジのような〝農業共同体〟（ヘブライ語でキブツ）がイスラエル国内に300箇所もあることを知りました。

イスラエルのキブツは、農業による自給自足だけでなく、子育てをコミュニティでサポートしたり、高度な学びを深める学校教育やお年寄りも安心して暮らせる施設なども完備しており、その村社会の中では、地位も個性も関係なく、すべての人々が役割に分かれて助け合っている理想的社会モデルがありました。

「日本版キブツを八ヶ岳に」

こうして呼びかけていく中で、10年間でのべ２００名以上のメンバーが全国各地から八ヶ岳へ移住し、初めは会社型コミュニティを、２０２１年春からは八ヶ岳に移住した仲間で組織化してエリア型コミュニティのキブツ八ヶ岳をスタートしました。

エリア型コミュニティは、キブツのように同じ敷地内で共同生活をするヴィレッジ型のコミュニティよりも緩いコミュニティスタイルであり、暮らしはそれぞれバラバラ、一部は一緒に仕事をするメンバーもいますが、特定の目的やプロジェクトの際だけ集まり、お互い協力し合うコミュニティです。

キブツ八ヶ岳のエリア型コミュニティは〝お米で繋がるコミュニティ〟であり、当初は100名ほどの移住者メンバーでお米作りを共同作業することから始まりました。

特に2020年に始まったコロナ禍の影響が大きく、八ヶ岳エリアでは農業をやめてしまう高齢個人農家が続出し、耕作放棄地が急増したことから農地管理を個人や会社規模でやるより、地域（エリア）コミュニティでやる必要性が出てきたからです。

その背景には、この地域と現代農業の様々な課題が入り混じっております。

農業の担い手は、小規模な個人農家から大規模な農業法人へと移り変わってきており、八ヶ岳南麓もまた、我々が農地の管理を引き受けないと、わざわざ県外から大規模農業法人が周辺に参入して来ています。

その場合、地域に大量の農薬や化学肥料が使われることで環境の悪化が懸念されたこともあり、環境を守るためにも目の行き届く範囲で農地を引き継ぐという方針を決めると、あっという間に管理しなければならない農地が拡大していきました。

よりによって我々の農法は、農薬や除草剤を一切使わず、おまけに化学肥料はもちろんのこと、有機肥料さえも使わない無肥料栽培であり、生産に非常に手間暇がかかる割に土ができていない当初は生産量も少ないのが特徴でもあります。

それでも自分たちの地域の環境を守りたい。
さらに自給自足も実践していきたい。
そのためには、たくさんの人手が必要となる。
だけども、その人手を雇う資金もない。

そんな葛藤の中、見渡すと周囲にはたくさんの移住者が集まっており、その移住者たちと一緒にこの地域の課題を解決する活動をしようとキブツ八ヶ岳が誕生しました。

キブツ八ヶ岳の理念（目的）は

地球人としての自覚をもって循環社会のモデル構築に関する事業を行い、持続可能なコ

ミュニティ活動の推進を目的とする

とあり、そして、この地球人としてのミッションを達成するために、コミュニティとしてのミッションは、大きくカテゴリーに分けて10事業あります。

「(1) 自然栽培による農業の普及支援」
「(2) 山林保全・水資源保全・土壌環境保全への支援」
「(3) コミュニティ会員の健康増進と憩い学びの場の提供によるマッチングの推進」
「(4) 子供の教育・食育への貢献」
「(5) 八ヶ岳エリアへの移住・拠点づくり支援」
「(6) 伝統的なものづくり活動及び革新的な芸術活動への支援」
「(7) 地域の食材を生かした加工品の創造・発掘の支援」
「(8) 持続可能なエネルギー開発の研究支援」
「(9) 地域の観光開発の持続化・発展の支援」
「(10) 先端的なＩＴ技術の研究開発・普及の支援」

「（1）自然栽培による農業の普及支援」

今は八ヶ岳に限らず、全国各地で農業従事者が不足、また一方で大規模農業が増えている状況があります。

農地が荒れると、その地域の土壌、空気、水が汚れ、身近な環境を守れないと、とてもじゃありませんが、地球全体の環境が守れません。自然栽培を中心に、人間にも地球にも負荷がなく、むしろ環境を改善するような農業によって、地域の農を守り、食を守り、地域も地球も守っていく。

そのために、キブツ八ヶ岳メンバーは、農作業（田んぼ）に全員が関わることを重要視しています。

もちろん、その頻度は、人それぞれ。月に1、2回の人もいれば、週に1度の人も。

でも、わずかでも大勢の協力があると、今後増え続ける農地があっても、適切に管理することができます。

「半農半X」の農は、コミュニティ内の田んぼ、半Xはコミュニティ内の自分のミッションを生きる。

キブツ八ヶ岳は、可能な限りでメンバー全員の「半農半X」を推奨していきます。

「(2) 山林保全・水資源保全・土壌環境保全への支援」

一見、自然豊かで環境が良いと思われる八ヶ岳ですが、農業以外にも抱える問題は山ほど。

その1つに人工林問題があります。

八ヶ岳の山の森も多くが人工林となり、不自然な自然環境によって、土砂崩れ、土壌が腐敗したり、野生動物が棲む場所も失われています。

また呼吸ができない土木作業、水が抜けない水脈整備によって、大地が詰まりに詰まっている場所も。

人が住むことで、その地域の環境がよくなっていく。地球人としての大事なミッションです。

個人でやるにはハードルが高い分野ですが、コミュニティであれば、皆で協力して、地域の自然環境を守っていけます。

「（3）コミュニティ会員の健康増進と憩い学びの場の提供によるマッチングの推進」


コミュニティメンバーが集い、交流し、健康的な生活を送れるようにサポートすること。

また婚活マッチングなども積極的に活動していこうと思っています。

より健康に特化した施設として、コミュニティの診療所、病院などの整備も進めていきたいと思っています。

もちろん代替医療、ホメオパシーなどを中心とした医療。

女性のためのケア施設、助産院、また晩年を仲間と過ごす施設などの立ち上げも。


「（4）子供の教育・食育への貢献」


不登校児は、今となっては7人、8人に1人という割合。

今は地域地域に、学校に行けない子供たちの独自の受け皿を増やす必要があります。

八ヶ岳も、まだまだ教育環境、学校などの数が不足しております。

寺子屋レベルのものから、学校と呼ばれる施設まで、幅広く、八ヶ岳の環境を生かした子供たちのための学びの場を準備していきたいと思っています。

自然栽培の農地も、その学校プログラムの中で有効に生かしていきたいと思います。
その中で、食育にも重点を置き、農地でとれたお米や野菜を子供レストランで提供し、子供だけでなく、母子家庭などにも良い食事を提供できるように積極的にコミュニティが支援していく環境を整えます。

「(5)八ヶ岳エリアへの移住・拠点づくり支援」

すでに八ヶ岳にはたくさん個性、能力を持った素晴らしいメンバーが集ってきています。でも、まだまだ今後の構想を考えると、もっと多くのメンバーが必要です。
八ヶ岳に呼ばれている方々の移住サポートが円滑に進むようにサポートしていきます。

「(6)伝統的なものづくり活動及び革新的な芸術活動への支援」

キブツ八ヶ岳では、日本や人類にとって原点となる、ものづくりの文化を支援していきます。
衣食住の衣にも関わる〝機織り〟などの積極的に体験できる場所、作業できる環境を整備していきます。

また縄文メッカの地でもあるので、登り窯などを使った陶芸などの活動にもチャレンジ。

そして、芸術（アート）活動に対しても、コミュニティが積極的に支援できるようにしたいと思っています。

アートと経済活動を両立させるのは、アーティストにとって容易ではないこと。

でも、アートは今後のＡＩ時代においても、決して変わることのない、むしろ重要性が高まる分野。

子供たちもアーティストを目指せるように、芸術活動にも力を入れたいと思っています。

「(7) 地域の食材を生かした加工品の創造・発掘の支援」

乳酸菌発酵飲料であるミキ（お米とサツマイモと水）のように、地域資源を有効に活用した加工品、特産物などの開発サポートも手掛けます。

加工品があれば、より地域の農業も活性化することになり、また多くの人々の雇用も生み出せることになります。

生産過程から環境に良い加工品が増えれば、より人も地球も元気に豊かになっていけます。

「(8) 持続可能なエネルギー開発の研究支援」

3 1 1の東日本大震災、そして原発事故が発生して以来、エネルギー自給は個人的にも、世界的にも大きな課題。

そして、有限である地下資源を使ったエネルギーではなく、持続可能なエネルギーの開発が重要であり、キブツ八ヶ岳では、自然エネルギー、フリーエネルギーなどの研究開発も進めていく予定です。

そして、その技術などは、すべて公開していき、世界へ普及していくことに貢献するつもりです。

「(9) 地域の観光開発の持続化・発展の支援」

八ヶ岳エリアには、多くのお店やゲストハウス、観光地がありますが、個人で経営するのは容易ではないこと。

移住だけでなく、この先に八ヶ岳エリアが世界からも注目されて人が訪れるのも予想される中、コミュニティで観光に関わる人々の活動を支援していけたらと思っています。

「(10) 先端的なIT技術の研究開発・普及の支援」

ＩＴなしにして、これから先のコミュニティ活動を急ピッチに進めていくのは困難なこと。

逆にＩＴを駆使すれば、今の社会での不可能を可能にすることも。

世の中には数多くのＩＴプロフェッショナルがいるため、そんなメンバーが力を合わせられる環境づくりをします。

このように、キブツ八ヶ岳の活動計画は、もはや文明づくり、国づくり、社会づくりと言っても良いほど壮大な規模のものです。

最終的には

「お金がなくても、皆が生きやすく、循環する世界を作ってしまおう」

というスタンスであり、お金という交換ツールを飛び越えて、皆が生きるに困らない社会インフラを作って、逆にお金に縛られずに、皆がやりたいこと、できることの循環の輪（和）の中で生きていくことを目指します。

外の世界（円の世界、資本主義）が崩壊しても、このコミュニティは、昨日までと何ら変わらず、皆が豊かに日常を過ごせる状況となり、完全なる自給自足と独自文明を構築できれば、ここは国家や民族といった概念を超え、地球人という存在として、１人ひとりがワンネスに繋がることができます。

ベーシック・インカムでなく、〝ベーシック・インコメ〟!?
お金でなく１人に60kgの米を配るシステム！　コメコインもある!?

１年目は１００名で役割分担をし、１人ひとりが日常の生活の中でできる範囲で無理をせずに農業に参加する仕組みを作りました。

作業への強制はなく、毎日参加することも、1ヶ月に1日だけでも可能であり、また参加頻度や時間量によってお金による報酬が発生するわけではありません。

報酬はお金の代わりにお米にしました。

当初の企画時点では、農作業に多く関わった人には、お金の報酬はなくとも収穫された後のお米の分配量を作業日数や時間に応じて、頑張った人にはたくさん分けて、少ししか来れなかった人には少しだけ分配しようと考えました。

ところが、この考え方そのものが、お金がお米に変わっただけで、ネオ縄文ともほど遠い、資本主義経済の時のままの価値観であるので、企画の段階ですぐに破棄して、思い切って作業時間など無視して、今回手を挙げた人全員に収穫したお米を平等に配る方針に変えました。

その量の基準は、１年間大人１人が十分に食べていける量として、それは現代人であれば平均60kgほどあれば足りるようなので、手を挙げた１００人全員に収穫時に60kgずつ、全部で６トンものお米を配ることを決めました。

自治体や政府などが、生きるに困らない程度のお金を平等に全員に配ることをベーシック・インカム（basic income）と言いますが、キブツ八ヶ岳は同じ綴《つづ》りでも

〝ベーシック・インコメ（basic income）〟

と読み、生きるに困らない程度のお米を平等に配るプロジェクトがスタートしたのです。

初年度のお米作りは大成功し、約10トンの収穫となったので、１人60kg×１００人の６トンをすべて無償で配ることができました。

毎日のように田んぼに顔を出して手伝った人も60kg。
子育てや仕事が忙しく、月に１度か２度ほどしか参加できなかった人も60kg。

月に１度どころか、結局１度も田んぼ作業に来なかった人にも60㎏。

ただ、お米をそのままもらっても置き場所や管理も大変なので、６トンのお米をデジタル通貨に換えた〝コメコイン〟のWEBアプリもコミュニティ内で作り、お米１g＝１コメコインとして、１人６万コメコインを各自のアカウントに支給する実験もしました。

コメコインは、自分の管理画面の中で〝米交換申請〟というボタンを押せば、簡単に１gから自由にお米の現物と交換することができます。

お金は腐らないから貯め込んで市場に流れないとも聞くので、このコメの通貨は、期限付きとして、期限を過ぎると自動的に消滅する仕組みになっており、それまでの間にお米に交換するか、またはコミュニティ内のメンバーに〝コインをあげる〟という機能もつけました。

コミュニティ活動が活発化してくると、自然と人と人のコミュニケーションの場面が増えてきます。

車を持っていない人が同乗させてもらったり、誰かがみんなのためにお弁当やおやつを作ってくれたり、農作業やコミュニティ活動に限らず、プライベートの中でも、ちょっとしたことでコミュニティの仲間にお世話になる機会が出てきます。

そんな時、お金を渡してお礼をするのも少し違和感があったり、また一方で〝ありがとう〟という感謝の気持ちだけでも十分ではありますが、少し物足りなかったりする時にチップ代わりにこのコメコインが大変役に立つのです。

１コメコインからいくらでもプレゼントできるので、ちょっとしたお礼の際には１００コメコイン（お米１００g）をデジタル通貨として、その場でパッとすぐに渡せます。

またコミュニティ内の子供のいる家庭のアンケートも取り、同時に年間60kg（6万コメコイン）も必要がない方、または子育て世代を応援したい方は、自分のコメコインを寄付できる〝子供米基金〟もアプリ内の機能につけ、全体から集まった寄付のお米を子育て世代の各家庭の子供の数に応じて平等に配布することもしました。

食べ物もお金の状況も人それぞれであり、その日暮らしで困っている人もいれば、物もお金も有り余って困っている人もいます。

自分に余裕がある場合、遠くの外国の難民を支援するのも大切ですが、身近な家族に近い小さなコミュニティの仲間が困っていたら、もっと目に見える形でサポートができるもの。

大きな社会では難しいですが、小さなコミュニティは情報共有さえしっかりできれば、足りないところに余っているものを上手に分配して凸凹を整えやすく、そのためにＩＴも有効に使うことができます。

エリア型コミュニティのお米作りはすべてが成功だけではなく、課題もあり、１００名もいると実際ほとんど来れないメンバーも一定数いました。

そのため２０２２年からは徐々に地域や参加意欲なども絞って、２０２２年は64名、２

０２３年は45名で活動しました。

２０２２年春には、農地以外にコミュニティの拠点となる〝キブツハウス〟という築50年の古い合宿所を所有することになり、すべてコミュニティメンバーのＤＩＹでリノベーションしました。

１７００坪の広大な敷地に地下１００ｍより湧水が湧いている非常に環境が良い立地に、宿泊部屋12部屋と１８０畳の大広間、業務用キッチンから大浴場・サウナや保健室まで完備された複合型コミュニティ施設として運営しています。

ここで全体集会（無償の食事付き）を開いたり、コミュニティ企画の様々なイベントを開催したり、外部からコミュニティ活動に興味ある人の宿泊対応などをしています。

２０２３年からは農業以外のプロジェクトも活発化しており、大きなものには〝エンディング・ヴィレッジ・プロジェクト〟があります。

みんなが安心して最期まで生きられる場所〝エンディング・ヴィレッジ〟とは!?

八ヶ岳エンディング・ヴィレッジは

「誰もが〝死〟と向き合う村」
「元気なうちから入る村」
「病院や介護施設にお世話にならない村」
「お互いをケアしながら最期まで看取り合える村」

です。

と言っても、よくわからないですよね。

簡単に言えば

「みんなが安心して最期まで生きられる居場所」

であります。

〝最期（エンディング）〟だけ切り取られているから、少しネガティブなイメージになっていますが、こうして見るとポジティブなイメージですね。

今、これを読んでいる皆さんが何歳なのか、どんな状況であるかはわかりませんが、自分の人生の最期を具体的に考えたことはありますか？

もし、今イメージした場合、それはどんな光景でしょうか？

どこで最期を迎えますか？

誰が看取ってくれますか？

自分は心から

「良い人生だったなぁ……」

と言えそうな最期ですか？

1950年頃、日本で自宅で死を迎える人は80％を超えていたのが、現在は15％以下。

逆に今は80％以上の人々が病院で死を迎えるようになりました。

病院は病気や怪我の治療で行く場所だけではなく、死を迎える場所ともなっています。

それが悪いわけではありませんが、もし病院で亡くなることを今望んでいないなら、どんな場所で亡くなりたいのか真剣に考えることも必要です。

イメージの中、最期に側で看取ってくれるのは家族でしょうか。

それはそれで嬉しいことかもしれませんが、必ずしも家族に看取られるのが幸せかどうかは、また人それぞれ。

夫婦でも親子でも、血の繋がりがあるからと言って心も繋がるとは限らず、ずっと疎遠になっていたのに死に際だけ義務的に立ち会われても……。

意識の2極化が進む時代、血の繋がりだけがすべてではなく、血を超えた同じ意識を持つ繋がりの家族のような存在を求める声も強まっています。

看取られるなら、そんな心（魂）の繋がりのある〝家族〟に看取られたい。

その死を単純に悲しむだけでなく、死生観も共有しているから、その死の意味と魂の行き先も、お互いしっかり理解した関係の中で旅立ちを見守って欲しい。

そんな深い繋がりのできたコミュニティのメンバーと、元気なうちから共に共同生活をしながら助け合い、やがては看取り合い、人生最期の瞬間まで楽しく幸せに安心して過ごせる理想郷。

それがキブツ八ヶ岳の〝エンディング・ヴィレッジ〟の構想です。

〝安心して過ごせる〟のに欠かせないのがコミュニティ医療であり、そこにはインド伝統医学であるアーユルヴェーダなどを中心とした代替医療も包括した統合医療を中心に。

医療や病院、医師が治すのではなく、村人１人ひとりが、健康や未病への意識を高く持ち、セルフケアはもちろんのこと、村人同士が得意な施術や治療でお互いケアし合いながら助け合っていく。

もちろん、本当に必要な時には医師の介入や西洋医学に頼ることも多々あると思います。

ただ、その時も特定の１つだけに偏ることなく、マッチングを重視したホリスティック医療であります。

介護に関する考え方も基本的に同じです。

元気なうちに入るから、基本的には元気なまま介護の必要性もなく最期を迎えることを目指します。

とはいえ、加齢とともに自然とできなくなることも多々出てきます。

重い荷物を持てない、力仕事ができない、家事（掃除・洗濯・料理）が負担、車を運転できない、などなど。

いくら自立型コミュニティとはいえ、苦手なことは無理にしないのが最優先。

できる人、やりたい人がサポートする助け合いの社会を目指して体制も準備します。

同じエンディング・ヴィレッジのメンバーがサポートしてくれるかもしれないし、専門サポートスタッフも同じ敷地内や施設内にいてサポートしてくれます。

そして、同じ敷地内にはエンディングとは対義語となる〝オープニング（出産）〟に携わる助産院や、その先の子供たちの居場所（託児所やフリースクールなど）も併設して世代を超えて交流できる場所を目指します。

そこで使われるお金は、コミュニティ内で循環するように生活に必要なものやサービスはなるべく自給できるようにし、さらなる先にエネルギー自給と生産活動が拡大すれば、そこでは結果的にお金がなくとも循環して継続する社会モデルを目指します。

エンディング・ヴィレッジは、現代版の姥捨山!? 姥捨山は年寄りたちの楽しい集団生活のモデルだった!?

〝エンディング・ヴィレッジ〟という言葉を提唱されたのは、神奈川歯科大学大学院統合医療学講座特任教授である医学博士の川嶋朗先生です。

統合医療とは、現代西洋医学と代替医療や伝統医学を適宜組み合わせて行う医療であり、川嶋先生は、西洋医学では腎臓病研究が専門であり、また〝冷え〟に関する治療の第一人者として知られていますが、他にも漢方、鍼灸、ホメオパシー、アーユルヴェーダ、心理療法、気功、ラドン療法などを含めた数多の代替療法に精通しています。

その川嶋先生が、以前に岩手県の遠野市山口地域に広がるデンデラ野を訪れた際、そこには〝姥捨山伝説〟の跡地が残っており、そこからエンディング・ヴィレッジという言葉が生まれたそうです。

〝姥捨山〟ってどんなイメージがありますか？

一般的には、非生産者となった老人が、子供たちの負担にならないようにと、山の上に捨てられてしまう悲しい物語という印象を持っている人が多いと思います。

ところが、遠野市にあるデンデラ野にあった姥捨山の物語は、それとは真逆の世界であったそうです。

その集落では、お年寄り自らが60歳になるとみんな高台の方、集落よりも高台の方に自ら家を出て住み始めていく。

そこに自分たちが暮らす家が建ててあって、自給自足用の畑も作って、60歳以上のお年寄りだけの集団生活を豊かに楽しんでいたそうです。

時には里に降りて来て若い人たちに混じって農作業も手伝ったりと、完全に隔離されていたわけではなく、うまく年寄りの叡智も集落にもたらしながら交流し、若い人たちに気を遣われたり、世話にならなくても、老人同士がお互い助け合って生きていたそうです。

川嶋先生は、そのデンデラ野の老人たちの在り方と生き方に感銘を受けたようです。

やはり、医療の現場に長年携わっていると、目の前の患者さんだけでなく、この国の医療システム全体も見えてきます。

事実上、今の日本の医療制度は医療保険も含めて崩壊している状況であり、国民の医療費の多くは事実上、若い世代、次世代への借金として積み上がっています。

特に高齢者に至っては、病院が1つの憩いの場となっており、本当に必要かどうかもわからないまま医者の指示で薬が山ほど処方され、中には、その薬を飲まないまま、ただ医者との付き合いでもらいながらも実際には捨てている患者も多々いるとか。

それは薬でありながらもお金であり、そのお金は自分のお金だけではない国民の税金であり、さらに若い人たちへの借金となっています。

自分の子供や孫への借金を自ら生み出していることへの想像力が膨らめば、病気や薬との向き合い方も変えて少しは生き方を改善する人も増えるかもしれませんが、なかなか今の管理社会の中で、そこまで気が回る高齢者は少ないもの。

でも、気づいた人たちが、元気なうちから理想郷を目指して自然のある中に集まり、自給自足で健康的な生活をしながら、病気にもならず、若い人たちの世話にもならず、医療費の負担もなく、統合医療の知識や技術を学び、会得しながら、お互い助け合える村社会が作れたら……。

それが、遠野の姥捨山跡地を見てきた後に川嶋朗先生が思い描いたエンディング・ヴィレッジのイメージ。

そのイメージが、キブツ八ヶ岳が考えていた医療やシニア世代の未来ヴィジョンとも共通している点が多くあったことから、キブツ八ヶ岳ではエンディング・ヴィレッジ構想をまずは八ヶ岳で現実化しようとプロジェクトが動き出しました。

第5章

万が一有事が発生しても
安心してサバイバルできる
設計で、すでに
エンディング・ヴィレッジ
構想は始まっています！

エンディング・ヴィレッジがある八ヶ岳南麓ってどんなところ⁉

エンディング・ヴィレッジの構想は、もうここ八ヶ岳南麓ですでに始まっています。
でも、そもそも八ヶ岳南麓ってどこなのか皆さん、イメージが湧くでしょうか？

〝八ヶ岳〟と聞くと、多くの方が長野県をイメージしますが、八ヶ岳の南麓側は、長野県ではなく、山梨県北杜市となります。

北杜市は、2004年（平成16年）11月1日に北巨摩郡7町村（明野村、須玉町、高根町、長坂町、大泉村、白州町、武川村）が合併して誕生し、また2006年（平成18年）3月15日に北巨摩郡小淵沢町を編入しました。

キブツ八ヶ岳の拠点が集中しているエリアは、この北杜市の中の大泉町（元・大泉村）であり、大泉村は1875年（明治8年）に谷戸村と西井出村が合併して誕生しました。

その中でも西井出村の地区には、田んぼも畑も各種拠点が点在しており、エンディング・ヴィレッジもこの西井出地区に作る計画となっています。

八ヶ岳南麓だけあって、北から南にかけて緩やかな斜面が広がっており、西井出地区も八ヶ岳の登山口に近い地点は、標高1300mほどもあり、より町の中心に近づいてくると標高600mエリアもあるため、同じ地区でも標高によって生活環境はまったく異なります。

エンディング・ヴィレッジは、その中でも最もバランス良く、夏でも涼しく冬も寒すぎなく過ごしやすいと言われている標高1000m地点となっています。

標高1000mは、世界の聖地と呼ばれるところも同じくらいの標高に存在していることが多く、またお母さんの子宮の中の気圧とも似ている環境とも言われており、心身ともにとてもリラックスして脳波も安定する地点とも言われています。

実際、医学的に見ても、標高1000mにもなると気圧が低くなり、酸素量や血液の流れなど、体には適度に負荷がかかることで、より免疫が働き、健康寿命を延ばす効果があるのではないかという見解もあります。

一般的なスーパーやコンビニ、ＡＴＭや郵便局、役場や公立学校などの施設は、標高８００ｍほどのエリアに集中しており、周囲にも一般的な集落が多く、移住者よりも以前から八ヶ岳で生活している人々が多くなってきます。標高１０００ｍから８００ｍまでは、車で5分以内、歩いても20分から30分の距離です。

市内唯一の市営病院は、標高７００ｍほどさらに下に降りたエリアにあり、さすがにそこまでは歩いて行くことができず、車以外だと公共バスなどを利用する必要があります。

でも、エンディング・ヴィレッジの敷地内には、これらの代替となる施設を可能な限り作り出す予定であり、歩いて行ける範囲で生活の大部分が成り立つデザインを考えています。

人々が実際に暮らす場所はもちろんのこと、食べ物を買いに行くスーパーもオーガニックスーパーや簡単な雑貨なども買える食料品店も揃え、大きな病院とはいえずとも診療所規模のものが同じ敷地内、人々が暮らす拠点の徒歩圏内にあるのが理想的であります。

また地方や田舎で子育てをする方々の1つの悩みに〝送迎問題〟があり、自然豊かで伸び伸びとした子育てができる一方で、幼稚園や保育園、学校に行くのにも、親が子供の送迎をしなければならず、習い事はもちろん、友達の家に遊びに行くのにも送迎が必要となります。

エンディング・ヴィレッジの敷地内に、子育て世代が暮らせる施設や学校などがあれば、送迎の悩みも消えて親の負担も減らせるだけでなく、子供たちも子供同士で簡単に遊べる環境ともなります。

そこに自然分娩を推奨する助産院もあれば、生まれるところから子育てをする環境もあり、子供も家で育つというよりもコミュニティという名の村で育ち、そのまま村の中に仕事もあって社会人生活もでき、やがて家族を作って、そのまま村に残る場合は、もちろん老後も最期まで助け合って安心して過ごせる施設や環境もあります。

小さな世界といえば小さな世界なので、必ずしも村の中で生まれてから死ぬまで過ごすことが良いとは言い切れませんが、文明化が進んだ現代において、この生まれてから死ぬまで、同じ場所に居続けることができる空間はほとんどなくなり、人々はステージによって分断された世界で生きることになります。

〝完全な自給自足〟とは、外の世界から何1つお金もエネルギーも食料も入って来ずとも、生きられる環境だとは思いますが、さらなる自給自足の極みは、その村の中から一歩も出ずとも、生まれてから死ぬまで、ただ生きることができるだけでなく、誰もが幸せに生きられることだと思います。

文明の道を辿る前、日本もまた縄文の道を歩んで来た時は、きっと完全な自給自足が成り立っていたと思います。

むしろ、この完全な自給自足ができないと、村も継続できないでしょうし、数千年、1万年以上も社会が持続可能となっていたのは、この完全な自給自足の世界で皆が本当に豊かで幸せに暮らしていたからだと思います。

縄文時代が1万6500年前から1万3500年も続いた歴史からすれば、この完全な自給自足を少しずつ失ってからはまだ3000年ほどの期間であり、もっと緩やかな江戸時代の自給自足社会から比較しても、数百年もないので、まだまだ失われた叡智は、これから十分に取り戻せる可能性はあります。

でも、この規模の社会を目指すとなると、単なる村づくりやコミュニティづくりの感覚では実現できず、国づくりをするほどの信念がないと実現することはできないかもしれません。

新しい社会を作るためには、ガラッと今までの概念をすべてひっくり返すほど大胆な考えも必要なので、今は日本という国は存在していますが、その中にもう1つ新しい国の社会を作るほどの意気込みが必要だと思います。

医療も教育も農業も、コミュニティのスタイルそのものも、既存の枠組みにハマってしまうと結局は、表の大きな社会は崩壊していく可能性があるため、そちら側に巻き込まれない体制を作っていくことが大事だと思います。

その中で徒歩圏内のコミュニティの体制はとても重要で、一番わかりやすい事例でいえば、今後様々な理由から輸入が制限されてエネルギー危機みたいなものがあった場合、車が使えなくなると田舎では生活ができなくなってしまいます。

いくら身近に湧き水がある、食料があると言っても、田舎の身近は、車で行ける範囲の身近であり、歩いて手に入らない、サービスを受けられないのでは、あまり意味がありません。

そもそもエネルギー危機ともなれば、湧き水はともかくとして、食料の流通も止まってしまい、食糧生産にもエネルギーを使う機械中心に依存していたら、生産地とはいえ食糧危機に陥ってしまいます。

エンディング・ヴィレッジは、将来に何事も起こらなくても豊かで幸せに暮らせる設計であるだけでなく、万が一に様々な有事が発生しても、安心してサバイバルできる設計も必要となります。

キブツ八ヶ岳のコミュニティの農業は、標高800mから1000mのエリアに田畑を集中させており、すべてエンディング・ヴィレッジの敷地から徒歩でも行ける範囲となっています。

その規模は、田んぼも畑も2万坪以上、合わせて4万坪以上の農地であり、すべて無肥料・無農薬の自然な栽培方法を実践しているので、それらの農業資材が高騰しようとも、手に入らなくなったとしても何1つ問題はありません。

唯一、エネルギー危機があった場合には、機械類が使えないと、トラクターやお米の乾燥機などが使えなくなるリスクはありますが、もともと小さな農地管理の時から機械を使わずに手作業で実践してきているので、その場合はすべて手作業に戻すことである程度の規模の生産活動は持続できる体制にもなっています。

とはいえ、多くの人々の食糧を確保するためには、やはり非常時にも機械利用を継続していく必要があり、その場合に備えて、植物油や廃油でトラクターを動かせるようにする仕組みや、水や空気から人工的に合成石油を作り出す技術などに関する情報も集めています。

またエネルギー需給が安定すれば、将来的に露地栽培のリスクも考慮した上で、安全で栄養価の高い室内栽培体制を整えていく必要も感じています。

お米の生産量は、現時点（２０２４年度）において約12トンであり、これを5年以内（２０２９年まで）に１００トンにまで増産できる体制を目指しています。

現代人の大人１人が１年間食べるために必要なお米の量は約60kgであり、12トンでは２００人分の年間お米消費量となりますが、１００トンになると１６００人以上が１年間ご飯を食べることができます。

定住しているコミュニティメンバーだけでなく、緊急時に避難してきた人々をサポートしたり、また1年だけでなく、数年先までの備蓄も考慮すると、それくらいの規模が必要となるケースもあるかもしれません。

そのため、あらゆることを想定して徒歩で動き回れる村構想を考えており、そのために必要な立地場所として、山梨県の北杜市、その中でも大泉町西井出地区の標高1000mエリアに照準を絞ってエンディング・ヴィレッジのプランを進めています。

八ヶ岳南麓の移住情報について

山梨県北杜市は、人口4万6000人ほどの自治体です。人口10万人以下の自治体としては、移住人気ランキングで全国トップ10に必ず名前が出てくるほど、全国的に移住人気のエリアとなっています。

僕が八ヶ岳に移住したのは2013年夏であり、そこから呼びかけて200人以上の方が全国各地から移り住んでいます。

八ヶ岳への移住に関しては、我々が運営している〝やつナビ〟という不動産情報サイトがありますので、そちらの情報を是非ご参照ください。

やつナビ

https://yatsunavi.com

昨今、八ヶ岳への移住はさらに人気が高まっており、２０２５年現在において特に中古物件はほとんど残っていません。

これまでの中古物件の相場は、おおよそ１５００万円から２５００万円ほどの価格帯が人気であり、土地の広さで２００坪から２５０坪、築年数は20年から30年、間取りは２ＬＤＫから３ＬＤＫ、床面積１００平米から１３０平米ほどでありました。

ところが今は同等の中古物件が、２０００万円から３０００万円ほどに高騰し始めています。

都会からすれば、大きな土地がついているのでその価格でも安いかもしれませんが、新築は全国的に建築費も上がっているのに加えて、八ヶ岳は寒冷地という特性もあるため、基礎工事の値段やサッシを二重窓にしたり、断熱の関係などからも標高の低い街中で建てるより建築費が少し高くなります。

注文住宅だと、これまで３０００万円台で作れていた新築が昨今は４０００万円台となっています。

土地の価格は、都会に比べると大幅に安く、１坪あたり３万円から５万円ほどです。

１００坪買っても３００万円となると、かなり安く感じますが、実際１００坪サイズの土地はほとんど存在しておらず、１５０坪以上がほとんどとなります。

土地のサイズは、小さくなればなるほど坪単価は高くなり、大きくなればなるほど総額は大きくなりますが、坪単価は安くなります。

1坪あたり3万円以下となると〝安い〟価格帯の土地となります。その理由としては

・土地が大きい
・森の中にあってアクセスが悪い
・上水道が届いておらず井戸を掘らないといけない
・景観が悪い

などが挙げられます。

この中でも〝景観〟は、八ヶ岳の土地価格を決める最大の要因の1つであり、駅から近いことや近くにコンビニやスーパーがあることよりも、八ヶ岳エリア特有の地価を決める基準は

「どれだけ山々が見えるか？」

となります。

山梨県北杜市は日本百名山5座、山梨百名山16座を擁し、八ヶ岳連峰に限らず、南アルプス山脈から奥秩父山塊、そして富士山に至るまで数多くの山々に囲まれた全国でも景観が随一に素晴らしいエリアであります。

富士山が見えるだけでも地価は上がり、360度パノラマで山々の絶景を見渡せる立地の土地は、八ヶ岳南麓エリアでは坪単価10万円前後の最も地価の高い土地となります。

また移住や拠点を持つにあたり、このエリア特有で最も重要となるポイントが〝標高〟というもの。

北杜市は標高400mから最大1400mほどのエリアにまで人々が暮らしており、その標高差は同じ市内でも1000mにも及び、1つの山の麓と山頂ほどの差があります。

気温は、一般的に標高が100m上がると0・6度下がると言われており、1000mも違うと6度も気温が変わってしまいます。

単純に暑いのが苦手な人は標高が高いエリアに、寒いのが苦手な人は標高が低いエリアを選ぶのが環境的に適していますが、一方で集落などが密集している町は標高が低いエリアに多くなるため、人口密度も標高によって変わってきます。

都会と同じように隣地とも距離が近く、土地の大きさも小さいサイズで良ければ標高の低いエリアへ、一方、せっかくの田舎暮らしだからのびのびと堪能したいなら、標高の高いエリアに行けば、まだ森林帯も多く残り、隣地とも距離が離れており、大きな土地もあります。

ただし、標高が高くなればなるほど、スーパーなどに買い物へ行くのも幼稚園や学校に通うのも距離が長くなるため、移動においての負担は大きくなってきます。

また家庭菜園にしろ本格的な農業をするにしろ、気温はとても重要になってくるので、特別な高原野菜に特化しない限り、普通の野菜やお米を栽培するのには、標高が低い方が育ちやすい傾向があります。

一方、別荘として夏しか来ないようであれば、多少生活は不便でも標高は高めがマッチしており、子育て中の移動の負担や老後の寒さへの心配があれば、標高は低めがベストかもしれません。

具体的には標高900mあたりが1つの分岐点であり、それ以上となると標高が高いエリアとなって来て、1200mを超えてくると通年で定住するには、かなり寒さ対策が必要となります。

八ヶ岳エリアでストーブが必要な期間は、11月から4月までの約半年間です。山梨県内とはいえ、標高が高い寒冷地となるため、都会や南国地域から比べたら年間の半分は冬のイメージがあります。

その半年をどう快適に過ごせるかが重要となるので、標高が高いエリアを選んだとしても、家の造りをしっかりし、暖房の工夫をすれば、室内にいる限りは快適に過ごすことができます。

一方で、標高が高い場所にある夏仕様の別荘を夏に見て一目惚れして購入してしまった人が、冬も定住しようとしても、家の中でも水が凍るほど寒く、とても通年では住めなくて手放してしまうケースも少なくはないので、住宅選びはかなり慎重になる必要があります。

また標高が８００ｍ以下だと、古くからの農村集落ゾーンとなってくるので、移住者の割合よりも地元に以前から暮らしている人々が多く、そうした地域付き合いの必要性も出てきます。

標高だけでなく景観にも落とし穴があります。山がたくさん見えるパノラマ景色の一等地を手に入れたものの、八ヶ岳エリアは11月から3月まで〝八ヶ岳颪《おろし》〟という氷点下の北風に冬の期間は毎日吹きさらされているケースもあります。

冬の日中は晴れていても、体感温度はマイナスとなり、とてもテラスに出れる状況ではなく、洗濯物も乾かずに凍ってしまうことも。

また景観が良い分、周囲に直射日光を遮る木々がないと夏場の室内温度は断熱性能が悪いとかなり高温になってしまいます。

そういった意味では、森の中は、夏は木々が日光を遮ってくれるので涼しく過ごすことができ、冬は風を遮ることができるので暖かく過ごすことができるので、森の中にもメリットとデメリットは両方あります。

景観も確保しながら冬の風の寒さを防ぐには、北側に森を抱えて東西南に遮るものがなく、かつパノラマ景観がある場所が理想的な立地環境と言えるでしょう。

子育て世代、若者、働き盛りの人々にとっても必要なコミュニティ作りの様相！

キブツ八ヶ岳は、山梨県北杜市を中心に移住してきたメンバーの中で生まれたお米づくりを実践するスモールコミュニティです。

イスラエルのキブツやエコ・ヴィレッジとは異なる、シェアハウスで共同で暮らすメンバーを除いては、基本的には住む場所、生活スタイルがバラバラのエリア型コミュニティとなります。

コミュニティが組織化された２０２１年度から４期目の時点での正規メンバーは41名です。正規メンバーはキブツキャストという名前で呼ばれ、八ヶ岳に拠点を所有して定住しているか、２拠点生活をしている方が対象となります。

一般社団法人キブツ八ヶ岳が、コミュニティ運営をする会社法人として存在しており、それを支える形で事業を管理するのが、やつは株式会社、農業を管理するのが、八ヶ岳ピースファーム株式会社で、それらがコミュニティ内企業として存在しています。

昔の家族と一緒です。昔はお父さんが外からお金を稼いできてくれる大黒柱として存在しており、おじいちゃんやおばあちゃんは、田畑で農業をやってくれて食料を調達してくれ、お母さんは家や家族のことをケアしてくれたりしていました。同様にコミュニティメンバー同士だけでなく、会社も役割に分かれてお互い助け合う組織形態をとっているのもキブツ八ヶ岳の1つの特徴かもしれません。

こうした八ヶ岳に実際に暮らしているキブツキャストに加えて毎年全国から1年限定のゲスト村民を募集しており、そのメンバー500人ほどと一緒に農業を主体としたコミュニティ活動を運営しています。

41名のキブツキャストの内訳としては、男性18名で女性が23名となります。41名中5人は首都圏をはじめ、愛知や大阪など2拠点生活であり、残りの36名は普段から八ヶ岳で暮らしています。

平均年齢は55・2歳であり、2024年度は最年少で21歳、最高齢は90歳の方まで所属しています。

20代から40代よりも50代以上の方が割合としては多く、特に60代の方は15名もいるので、3人に1人以上は60代の方となります。

持ち家で暮らしている方は、41名中27名であり、残りの14名は賃貸の戸建てやアパート、またはシェアハウスで暮らしています。

コミュニティメンバーが所有しているシェアハウスは全部で４棟ほどあり、１棟に10人以上が入ることができ、キブツのゲスト村民はシェアハウスを利用している方が多いです。

41名中夫婦での正規メンバーは６組12名いて、また家族に赤ちゃんから小中高の子供を含めるとさらにプラス12名ほどの家族メンバーがいます。

コミュニティ全体で見ると、やはりまだまだ若い人や子育て世代が少ないのが現状です。

やはり八ヶ岳エリアも都会から比べたら地方の田舎に入るため、全体的に少子高齢化であるのはもちろんのこと、もともと若い人や子育て世代よりも、リタイア世代の第二の人生の場や別荘エリアとして移住人気が高いため、どうしても全体的に年齢層は高めとなってしまいます。

とはいえ、昨今は田舎暮らしに魅力を感じる若い世代も多くなり、またリモートワークも主流になってきたので、都市でなくとも仕事ができることから、働き盛りの方も八ヶ岳エリアに多く移住してくるようになりました。

ただ、キブツ八ヶ岳のような農業生産を主軸にするコミュニティは、どうしても時間的な余裕がないとコミットすることができず、若い世代や働き盛りの世代、子育て世代においては、まずは仕事をして収入を得ながら子育ても同時並行しているため、なかなかコミュニティ活動に参加しづらい状況があります。

せっかく八ヶ岳に来ても、朝から夜まで仕事三昧、主婦だって朝から家族のご飯を作り、昼間はパートに出て、また夕食の準備や家のことをやっていたら、とても平日は時間が取れず、週末だって予定がいっぱい。

収入を得られる仕事場でもない、暮らしをする生活の場でもない、第三の居場所であるコミュニティは、今の忙しい現代社会においては、なかなか多世代にわたって参加することが難しくなっています。

コミュニティそのものが仕事場でもあり生活の場でもあった元祖エコ・ヴィレッジの縄文古来の集落はもちろんのこと、戦前の昭和初期までも日本は地域（エリア）型コミュニティとしても、仕事や生活とコミュニティが分離されずに一体化していました。

子育てだって、必ず親がせずとも拡大家族としてのおじいちゃんやおばあちゃんだけでなく、近所のおじさん、おばさん、その他大勢の人々が一緒になって暮らしを通して自然とコミュニティが子供たちを育ててくれました。

本来コミュニティというのは、仕事や家族を犠牲にしてまで取り組むものではなく、むしろ1人ひとりの生活をもっと楽にするようにサポートする役割を持っていると思います。

仕事が必要な人の仕事をコミュニティですべて受け入れられるなら、それに越したことはありませんが、会社コミュニティを目指して、その限界を知った経験から、それは決して簡単なことではありません。

同じ屋根の下で全員が暮らすことができれば、日々の生活もより助け合って生きられるかもしれませんが、そんな大きな拠点は簡単には手に入らないですし、そもそも同じ施設での共同生活を全員が望むかといえば、当然ながら一定の距離感を求めている人もいます。

そういった意味において、なるべくお互いの距離が付かず離れず、程々な距離の中で助け合ったり、分かち合ったりしやすい環境としては、エコ・ヴィレッジのようなタイプの徒歩圏内で暮らしが一体化している社会が、今必要となっています。

子育て世代であれば、ヴィレッジ内に子供を安心して預けられる理想的な託児環境が整っていて、未就学児から小中学生までをも教育できる学校施設があるのが望ましいです。

もちろん学校などの教育環境だけでなく、子育て世代が実際に暮らせる場を整えることも必要です。

田舎特有の子供を送迎する手間暇もだいぶ軽減されるし、保育園や学校だけでなく、コミュニティメンバーの中で子供を預けられたり、また先生や資格を保持した専門家でなくともコミュニティメンバーが老若男女揃っていることで、自然と近隣のメンバーの子供の面倒を暮らしの中で見てくれます。

信頼できる多種多様のたくさんの〝大人の目〟がある環境こそが、子供たちにとっても今は必要な時代であるにもかかわらず、都会は人が大勢いてもお互い無関心となっていて、特に暮らしの中においては、ほとんどが親の目、それも母親の目しかありません。

ただし安全性においては、昨今の治安を考えると不特定多数の人の目があることが、逆にリスクになることもあります。

イスラエルのキブツなどは、学校などだけでなく、家事の負担をなるべく減らす環境も整えられており、洗濯物もコミュニティの担当スタッフが、各家庭から回収して洗って再び戻してくれるランドリーサポートもあれば、食事も朝昼晩と共同食堂で無償で提供されるキブツもあります。

まずは生活の中から、家事と育児の負担が解放されると、物理的な時間も得られるだけでなく、精神的にも落ち着いて、本当はやりたかったコミュニティ活動などにも加わることができるようになります。

コミュニティ内に仕事を創出する余裕があれば、本当はお母さんたちの中で働きたい人が、どんどん働ける環境も整備されていくことがより理想であります。

仕事はコミュニティ内にあればあるほど、若い人も集まりやすいので、コミュニティを運営していくための必要最低限の仕事はもちろんのこと、コミュニティ内で様々な事業や会社を作っていくことも重要となります。

国や自治体に納める税金以外、なるべく生活費の中の出費をコミュニティ内に還元できる仕組みが作れたら、多くの雇用を生み出して循環させることができます。

もちろん自給自足をあらゆる分野で実現して、出費そのものを減らしていくことを前提としながらも、コミュニティの外にお金が出て行かないように内部で消費できる仕組みが重要となります。

エンディング・ヴィレッジは、決して高齢者だけが必要な村ではなく、子育て世代や若者、働き盛りの人々にとっても必要なコミュニティスタイルであります。

すでに日本は超高齢多死社会！　65歳を超えそうな自分が生きる場所、自分が活かせる場所、自分が死ぬ場所を自分で見つける時代……

高齢社会という言葉は遥か昔のことで、今の日本は〝超高齢多死社会〟とも言われ、若い世代よりも圧倒的に高齢者の数が多く存在しており、一方で当然ながら寿命を迎える人の数も膨大な量となって人口もこれから大きく減っていきます。

60代や70代は、人生１００年時代の超高齢者からすればまだ若い世代であり、65歳で定年を迎えても、そこから余生というよりは、ここから第二の人生が再び始まるというほど、まだまだ時間も役割もたくさん残っています。

２０２５年の日本では３人に１人が65歳以上となり、団塊の世代がすべて75歳以上となるため、５人に１人が75歳以上になります。

２０４０年には、その団塊の世代の子供たちである団塊ジュニアも表舞台からは引退し、人口の40％以上が65歳以上になると言われています。

現時点でＷＨＯが定める基準においては、65歳以上はすべて高齢者の枠。

少しずつ定年の年齢も引き上げられていたり、晩婚化が進んだ日本においては、60代でもまだ子育てがひと段落しないケースもありますが、通常は65歳を過ぎたら仕事も子育ても一区切りとなります。

時間にもお金にも余裕ができたからこそ、残りの人生を誰とどのように過ごすかを多くの人が考えます。現役時代には、社会と強制的に繋がりがあったものの、仕事からも子育てからも引退後は自分で自分の居場所と役割を見つけないと、社会との繋がりは徐々に薄くなってしまいます。

それでも夫婦であれば、今まで仕事や子育てでゆっくり一緒に過ごす時間もなかったから、その失われた時間を取り戻す人生を歩むのも良いですが、必ずしも夫婦だからといって、お互い気が合い、老後の人生も一緒に過ごしたいかといえば、今の時代はそう簡単にはいかないもの。

日本は3組に1組が離婚する統計となっています。その中でも同居期間20年以上の夫婦の離婚である〝熟年離婚〟という言葉も流行っており、１９９０年頃には15％以下であったのが、２０２２年には１９４７年に統計を開始して以降、最高の割合の23・５％にも達するようになりました。

コロナ禍などもあり、夫婦でも家で過ごす時間がより増えたり、そうした非常事態の中において、夫婦や家族間の価値観の違い、意識のすれ違いも目立つようになり、熟年離婚の割合も増えたのかもしれません。

いずれにしても長年連れ添った夫婦なんだから、晩年も死ぬまで共に過ごすのが当たり前というのは過去の話であり、今はお互いのために離婚も含めて自由に生きる道を選ぶことが望まれる傾向にもあります。

自分が第二の人生を生きる場所。
自分の人生の最後を迎える場所。

人生100年とはいえ、社会的に〝高齢者〟というカテゴリーの枠に入った人々は、自分の後半の人生について誰もが真剣に考えるステージに入っており、その上で自分が生きる場所、自分を活かせる場所、そして自分が〝死ぬ場所〟を探し始めています。

1950年頃の日本は、病院で亡くなる人は10%もいなくて、80%以上の人々が自宅で亡くなっていました。

「畳の上で死なせてやりたかった」

という言葉があるように、一昔前は自宅で家族や集落の人々に看取られながら亡くなることが一般的であり、病院で亡くなってしまうと周囲の人々が悔やむような状況が戦後もない日本にはありました。

ところが現在は、自宅で亡くなる人の割合と病院で亡くなる人の割合は完全に逆転しています。

80％近い人々が病院で亡くなっており、自宅で死を迎えらえる人はごくわずかであり、この死に場所の大変化の分岐点はちょうど１９７６年頃にまで遡ります。

高度経済成長期を経て経済が成長していくと病院で亡くなる人が増えてくる関係性が世界的にもあり、生活スタイルの変化によって、家族の誕生も死も自分たちで手をかけることなく便利で快適なサービスを求めて、病院に任せる価値観が常識となってきたからと言われています。

この世界に生まれてくる始まりの場所も病院、この世界を卒業して終わる場所も病院。

病院のすべてが悪いわけではないのですが、本当に望む場所で死を迎えているかといえば、ある高齢者アンケートによると60％以上の高齢者は自宅で死を迎えたいと回答しているそうです。

過半数の高齢者は、本当は自宅で最期を迎えたいのに実際は5人に4人が病院で死を迎えざるを得ない矛盾。

その背景には、自宅で最期を迎えたくとも看取ってくれる家族もいなければ、その根底に

「子供たちや家族に迷惑をかけたくない」

という配慮もあり、まさに日本民話の姥捨山に出てくる典型的な老人の考え方が今の日本人にも染みついています。

だからと言って、子供世代も最期まで親の面倒を見たい気持ちがある人々が多いのも事実であり、今の日本は昭和までの地域家族から拡大家族も終わり、核家族が一般的で親子もバラバラのエリアと生活環境で過ごしているとなると、物理的な距離感から親の面倒を見たくても見れない子供世代もたくさんいます。

こうした時代背景もある中、日本全国ではエンディング・ヴィレッジと言われる、最期まで人生を過ごせる場所作りの必要性が高まっているのです。

ただ、八ヶ岳で考えるエンディング・ヴィレッジは、終末医療のホスピスなどを中心とした看取りをやる場所ではありません。

もちろん老人ホームに特化したコミュニティをやる場所でもありません。

〝死〟は、この世界における人生の最終段階であり、その最終段階に向かってどのように今生きる場所を充実させていくかを皆で作りあげていく場所です。

もちろん人生の最終ステージを過ごす人もいますが、人生の最終ステージ〝だけ〟を過ごす場所ではないということです。

それは年齢的なことに限らず、若くしても病気などを患っていて寿命が限られている人も含みます。

でも、エンディング・ヴィレッジは、歳をとってからやってくる場所ではなく、病気になってからやってくる場所でもなく、年齢問わず元気なうちからやってきて、老若男女が入り混じって過ごすコミュニティです。

唯一エンディング・ヴィレッジに必要な最低限の条件といえば、そこで暮らす人々は〝死〟を意識して日々を過ごすことです。

死を意識して今を生きると、毎日の過ごし方が変わってきます。

日本の平均寿命は２０２０年代に入ると男性で81歳、女性は87歳であり、その年齢から逆算して自分の残り時間を計算する人もいますが、実際いつどこで最期を迎えるかは、誰にもわかりません。

10年、20年後かもしれませんし、今日かも明日かもしれないので、大切なのは、いつどこで最期を迎えるにしても、その瞬間まで自分らしく悔いなく人生を生き切ることだと思います。

エンディング・ヴィレッジは、そこで暮らす人々が、死を意識するからこそ今を真剣に生きることができるコミュニティであり、老後を安心して過ごせる充実した医療施設や老人ホームがあることだけがエンディング・ヴィレッジの真意ではありません。

逆にいえば、どんなに老後や死に備えて充実した環境を取り揃えていても、そこに暮らす人々の意識が、死を無用に恐れ、死をネガティブに捉えていたり、死さえも意識せず、ダラダラと自立せずに無駄な時間だけを過ごすコミュニティであれば、それはエンディング・ヴィレッジとは言えないのかもしれません。

誰にも避けることができない死をネガティブでもポジティブでもなく、自分なりにしっかり向き合いながら、今をどう生きるかを〝自立して自ら考えること〟が大切です。

「ここ（エンディング・ヴィレッジ）にさえ入ってしまえば、あとは何もしなくても最期まで面倒を見てもらえて安心」

自分のことも健康のことも、人生のことさえも他人任せで依存している意識では、とてもエンディング・ヴィレッジで全員と歩調を合わせてともに理想郷を作り上げていくことは難しいでしょう。

明日が当たり前に来るかどうかわかりません。
今日が人生の旅における終点かもしれません。

自分自身に命のタイマーがついていて、それを目で見ることができたら……。
生まれてから80歳を超えると、この世界で約3万日を過ごしたことになります。

１日に１駅ずつ進んでいるけど、確実に１日ずつ残された日にちは減っていて、終点が近づいています。

終点まで残り何駅でしょうか？

嫌なことをやりながらため息をつく毎日でも１日は減っていきます。
ダラダラ無気力で日々を生きているだけでも１日は減っていきます。

誰だって毎日止まらずに〝終点（エンディング）〟へ向かっているのだから、そのことを忘れずに毎日旅を大切に楽しむのがエンディング・ヴィレッジの生き方です。

第6章

暮らしの中に教育がある!?
多世代が入り混じる
コミュニティの中で
アーユルヴェーダは
素晴らしい
代替医療の1つ!!

１人ひとりが死を意識しながら今を生きる場所でのコミュニティ医療の必要性

コミュニティだって歳をとるように、コミュニティで暮らしている人々も当たり前に歳を重ねていきます。

「日本版キブツを八ヶ岳につくる」

と宣言したのは２０１４年、32歳の頃であり、あっという間に時は流れて自分自身も気づけば40代ともなり、50代で八ヶ岳に来た人々だってすでに多くが還暦を過ぎています。

移住した頃は小さかった子供たちもあっという間に小学生、中学生、高校生ともなり、元気なうちから一緒に来た両親も、気づけば介護生活ともなり、やがて親を看取ることになる人も。

夫婦でいたのが、気づけば伴侶に先立たれて独り身となったり、10年以上も時を重ねると人生も環境も人それぞれ色々と変化があり、その変化に合わせて生活スタイルも変えていく必要があります。

八ヶ岳に移住して来た時には、家族構成からも広い住居に住んでいましたが、気づけば同じ屋根の下で暮らす家族もどんどん少なくなり、最終的に1人になってしまった場合、山の中の田舎暮らしで広い敷地の大きな住宅を管理するのは容易ではありません。

夏場は平均200坪を超える敷地の草管理もあれば、冬に薪ストーブを使っている人は薪の準備、時には雪が降ったら、少しは雪かきをするなどの肉体労働だってあります。

歩いてスーパーや駅に行ける立地環境も少なく、移動手段に車は必須となる中で車の運転ができなくなってしまうと日常生活にも色々と支障をきたします。

だからと言って、今更八ヶ岳を離れて都会で暮らす選択肢もなく、できれば自然も豊かで知り合いも増えたこの場所で最期まで過ごしたい。

老人ホームには入りたくないし、介護サービスもよほどのことがなければ受けたくはないし、何よりも晩年に子供たちの世話にもなりたくない。

若い移住者はそう思わなくとも、八ヶ岳へ移住する中高年の多くは、年齢を重ねるとともにそういった想いを持つ方が増えてきていますが、そのためにまず大切になるのは、健康。

歳を重ねようと独り身になろうと、まずは自分自身が健康でいなければ、田舎暮らしで自立して生きるなどと偉そうなことは言ってられません。

エンディング・ヴィレッジは、１人ひとりが死を意識しながら今を生きるのが前提であり、その上でコミュニティのメンバーが、お互い健康に気遣いながらも助け合い、最期は看取りあって幸せに終点を迎えられる場所でもあります。

コミュニティも歳を重ねると、そんなエンディング・ヴィレッジの必要性がキブツ八ヶ岳のコミュニティでも必要になってきました。

そして、この1人ひとりが自立して健康でいるための要素として、統合医療の存在は欠かせません。

統合医療と聞くと、西洋医学だけではない様々な代替医療による治療を思い浮かべますが、エンディング・ヴィレッジを提唱された川嶋朗先生が在籍する神奈川歯科大学大学院の統合医療教育センターでは、統合医療を

「個人の年齢や性別、性格、生活環境さらに個人が人生をどう歩み、どう死んでいくかまで考え、西洋医学、補完代替医療を問わず、あらゆる療法からその個人に合ったものを見つけ、提供する受診側主導医療」

と定義されています。

ただ病気を治す、悪い部分を良くする医療ではなく、1人ひとりの人生そのものを診断

しながら、その人にピッタリのオーダーメイドの治療をする医療となります。

こうした俯瞰した視点によるカウンセリング能力にも長《た》け、数多の治療法を使いこなせるカリスマドクターがコミュニティにいることも理想ですし、最先端の医療を受けられる立派な病院も完備されていたら、それは何よりですが、未来のコミュニティ医療は、必ずしも立派な病院やカリスマドクターが必要とは限りません。

西洋医学を軸にした医療行為は、医師免許を持つ人にしかできないかもしれませんが、統合医療には医師免許を持たない個人でも利用できる健康法や治療法は山ほどあり、コミュニティ住民１人ひとりが、統合医療の知識や技術を身につけることで自分たちで自分自身やお互いをケアし合える環境を整えていくこともエンディング・ヴィレッジのコミュニティ医療としては重要です。

鍼灸が得意な人もいれば、整体が得意な人、ホメオパシーに精通している人もいれば、気功などのエネルギー治療が得意な人もいるかもしれません。

最近は周波数を使った波動医療みたいなものも多々存在しています。

とはいえ、未病や慢性的な疾患には、こうした代替医療は得意としますが、緊急性の高い治療においては、まだまだ西洋医学の力も必要であり、やはり医師免許を持った医師の存在はコミュニティには欠かせないものです。

また代替医療も深刻な病気となると治療法とのマッチング精度が重要となるでしょうから、セラピスト集団だけでは不十分であり、的確な診断ができるプロの医師は必要不可欠でもあります。

病院や医者に依存しないで自分たちでもケアし合える体制も必要ですし、一方で自分たちでは対応しきれないケースには専門家の力も必要であり、いずれにしても命を支えるコミュニティ医療にはしっかりとしたバランス体制が重要だと思います。

そんな中、個人的に代替医療の中でも、今現在最も興味を持っているのが、インド伝統医学であるアーユルヴェーダであります。

5000年前からすでに完成されていた医療 〝アーユルヴェーダ〟とは!?

インド5000年の歴史を誇る伝統医学のアーユルヴェーダは、古代ヒマラヤ聖者たちが大いなる存在から降ろされた〝生命（アーユル）の科学（ヴェーダ）〟の情報媒体であり、すでに5000年も前に現代人の病気の治療から人が幸せに生きるためのあらゆる叡智が、すべて体系化されてまとめられています。

5000年かけて現代にまで進化して積み上がってきた医学ではなく、5000年前にすでに完成されていた医学であり、いかに忠実に古代の知恵を活用できるかがポイントで、今でもアーユルヴェーダのドクターたちは、2000年以上前の教科書（チャラカ・サンヒターなど）を解読しながら実践に活用しています。

アーユルヴェーダでは、体と心、そして環境の調和が健康の鍵と考えられており、その基本的な考え方は、すべての人の体と心は3つの〝ドーシャ（Dosha）〟と呼ばれるエネルギーから成り立つとされています。

・ヴァータ（Vata）：風のエネルギー　－　動きや循環を司る
・ピッタ（Pitta）：火のエネルギー　－　消化や代謝を司る
・カパ（Kapha）：水と土のエネルギー　－　安定や成長を司る

これらのドーシャは、自然界の5つの基本要素（空・風・火・水・地）に基づいており、個人の体質や健康状態は、これらのドーシャのバランスによって決まります。

アーユルヴェーダの治療は、このドーシャのバランスを整える治療法となりますが、多くの方が

「アーユルヴェーダって頭にオイルを垂らすアレのことでしょ？」

というイメージを持っています。

あの〝アレ〟はアーユルヴェーダの中の施術の１つであるシロダーラであり、アーユルヴェーダには、シロダーラに限らず、様々なオイルを使った施術や食事療法、ハーブ療法に至るまで体質に合わせたいくつもの治療法が存在しています。

その中でも〝切らない＆取らない大手術〟として有名なのが、パンチャカルマ(Panchakarma)と呼ばれる究極の浄化（デトックス）療法です。

パンチャカルマとは、サンスクリット語で〝パンチャ（５つ）〟と〝カルマ（治療法）〟という意味があり、５つの治療法によって体内の毒素を排出し、ドーシャ（ヴァータ、ピッタ、カパ）のバランスを整え、消化力（アグニ）を向上させ、健康を促進するために行われます。

パンチャカルマの浄化療法は、以下の５つが基本的な治療法であり、どれを実施するかは、個人の体質や健康状態に応じて決められます。

１．ヴァマナ（Vamana）

・催吐療法。
・消化不良や過剰なカパ（粘性エネルギー）を解消するために行われます。

2. ヴィレーチャナ（Virechana）
・下剤療法。
・ピッタ（火のエネルギー）のバランスを整えるため、腸を浄化します。

3. バスティ（Basti）
・薬草オイルや煎じ液を使った浣腸療法。
・主にヴァータ（風のエネルギー）を整えるために使われます。

4. ナスヤ（Nasya）
・鼻腔浄化療法。
・鼻腔を通して薬草オイルを投与し、頭部と首の領域を浄化します。

5. ラクタモクシャ（Raktamokshana）

・血液浄化療法。
・血液に関連する毒素を排出するための処置です。

簡単にいえば、穴という穴にオイルや煎じ液を入れて体に溜まっている毒素を強制的に出させるもの。

西洋医学のように切ったり、取ったりもせず、またケミカルな薬品も一切使わずに、古代からの教えやレシピをそのまま取り入れた天然素材だけのオイルやハーブ、時には錬金術のように鉱物も使い、血を抜くのも野生のヒルを使って毒素の入った血を意図的に吸わせます。

イギリス植民地時代（1757年~1947年）、インド国内は伝統医学のアーユルヴェーダよりも西洋医学が優先され、独立後の現在も著しい経済発展とともにインド国内は西洋医学中心の医療社会ではありますが、ここ最近はアーユルヴェーダが再び脚光を浴びて見直され始めています。

2014年にはインド政府がAYUSH省を設立して、アーユルヴェーダを含む伝統医学の研究、教育、普及を強化しています。

そんな中でコロナパンデミックがあり、日本よりも遥かに衛生面で整ってなく、莫大な人口を抱えるインドでは、コロナパンデミックによる重症患者や死者数の割合は世界的に見ても極めて大きなものとなってしまいました。

特に2021年の第二波のデルタ株の急速な拡大によって医療施設が崩壊の危機に瀕してしまい、酸素ボンベの需要が供給を大幅に上回り、多くの病院で患者が酸素不足で死亡するケースが多発しました。

もはや西洋医学の薬だけではとても太刀打ちできなくなる中、ロックダウンで病院を閉じていたアーユルヴェーダのドクターが古代聖典を紐解きながらコロナウイルスに対応する自然薬を開発し、それを無償で国民に配ることで多くの方の命が救われました。

その功績も認められ、インド国内ではますますアーユルヴェーダの存在感は高まり、世界中の代替医療の専門家たちからも注目されています。

未来のコミュニティ医療を模索する中で、自分自身も自らアーユルヴェーダを体験しようと西インドの本格的なパンチャカルマを実践する病院に入り、5つある治療のうち、ヴィレーチャナ（下剤療法）とナスヤ（鼻腔浄化療法）、バスティ（浣腸療法）の3つを徹底的に体験してきました。

パンチャカルマは、21日間もかけて体中の毒素を集めて一気に出す、いわゆる究極のデトックス治療であり、おおよそ最初の14日間で徹底的にオイルを体の内外から取り入れ、まずは全身オイル漬けにすることから始まります。

ここで、自身が体験したパンチャカルマの実際の流れを少しご紹介します。

パンチャカルマを体験した病院は、西インドのローカル都市の中にある雑居ビルのワンフロアの個室であり、決して南国リゾート風なアーユルヴェーダではない雑多な雰囲気の中でした。

1日の流れは、朝6時からヤギャ（儀式）と言われるインド流の火（アグニ）を用いた護摩焚きのお祈りから始まり、ヴェーダのマントラを唱えながら、火の中に供物（穀物、ギー、香など）を投じます。

その後ベジタリアンの軽い朝食が終わるとアーユルヴェーダドクターによるコンサルテーション（診療）を毎日行います。

ドクターとのコンサルテーションでは、毎日の体調全般のこと、よく眠れたか、食欲はどうかなどはもちろんのこと、特にアーユルヴェーダでは排泄の状態が極めて重要なので、排泄について、頻度から状態まで事細かく報告する必要性があります。

大便も小便も便は〝お便り〟だから、体からのメッセージをアーユルヴェーダの視点からしっかり読み解きながら今の状態をチェックしていきます。

そして、毎朝口から摂り入れるオイルとして、ハーブ入りの〝ギー（精製バター）〟を

30㎖、50㎖、100㎖と体質や体調に合わせて毎日量を調節しながら飲んでいきます。

普通のバターオイルでもなかなか気分の良いものではありませんが、特製ハーブのオイルは、人によっては量が多くなるときついもの。

とにかく不味《まず》くても、気持ち悪くても我慢できる限り我慢して、オイルをどんどん毎日体内に取り込んでいきます。

その後、午前中はアビアンガ（Abhyanga）からスタート。

アビアンガは、アーユルヴェーダに基づくオイルマッサージの一種であり、全身にオイルを塗りながら行うトリートメントで、心身のバランスを整え、健康を促進する目的があります。

女性には女性のセラピスト、男性には男性のセラピストが担当して施術するようになっており、また1人のクライアントに対して2人のセラピストが同時にオイルマッサージをします。

施術には、温めたハーブオイルを使うのも特徴的であり、そのハーブオイルは、個々の体質や不調に応じた特別なハーブオイルが使用されます。

僕が体験した病院では、常時300種類以上ものハーブオイルが取り揃えられていましたが、その時の僕の症状や体質にピッタリ合うオイルはなかったため、その300種類の中からまたブレンドしながら、完全オーダーメイドのパーソナルオイルを作り、それをオイルマッサージに使ってくれました。

マッサージそのものは、頭から足の先まで全身にオイルを塗布しながら、一定のリズムで優しくマッサージしていき、皮膚からオイルを浸透させるだけでなく、身体全体のエネルギーの流れ（プラーナ）を整えていきます。

またアビアンガによって、体内に蓄積された毒素（アーマ）を排出し、リンパの流れや血液循環を促進するとも言われています。

全身オイルマッサージが終わったら、今度は顔だけ出すスチームバスに覆われてオイルを落としながら徹底的に汗を出します。

午前の施術が終わったら、ベジタリアンのランチタイム。

インドとはいえ、アーユルヴェーダの食事は、辛いものなどの刺激的な料理は一切なく、体に優しく、消化に良い料理ばかりです。

食後はついつい眠くなってお昼寝をしたいところですが、パンチャカルマ中は、お昼寝は一切禁止。

代謝が落ちてしまうので、せっかくオイルを取り込んで毒素を集めているのに、その効果が台無しになってしまいます。

さらに日中寝てはいけない一方で、極力心身に影響を与える要因を避けるため、外に出て風に当たることも、太陽の光を浴びることも、運動やヨガなどで体を動かすことも禁止。

つまり原則21日間、外出禁止で室内で徹底的に大人しくしていないといけないのです。

午後の治療もオイル三昧であり、寝ながら頭にオイルを垂らすシロダーラをやる時もあれば、鼻にオイルを入れるナスヤをやったり、時には目の中を薬用ギーで洗浄するネトラバスティというのも体験しました。

こうしてとにかく1日中、オイルまみれになって、オイルが全身の毒素を隅々から集めてきてくれ、それを消化器系（胃腸）に少しずつ溜め込んできてくれます。

ちなみにお風呂には湯船などありませんし、オイルを溜め込んでいる間はシャワーも基本的には浴びることができません。

1週間、10日も過ぎ、14日前後にもなると、そろそろ色々な意味でオイルが体から溢れ出しそうな状況になります。その頃にドクターの判断で溜まりに溜まった毒素を一気に体から排出する一撃必殺の治療に入ります。

カパ（水のエネルギー）が溜まっている人は、ヴァマナ（催吐療法）という、嘔吐用のオイルを使って胃に溜まった全身の毒素を口から徹底的に吐き出し、ピッタ（火のエネルギー）が溜まっている人は、ヴィレーチャナ（下剤療法）をして、一気に腸の浄化を行います。

僕のクライマックスはヴィレーチャナであり、その運命の日には、１度飲んだら最後、1日に30回以上もトイレへ駆け込むことになると言われる下剤オイルを朝から飲みます。

通常は2時間もしたら下剤が効いて来るのですが、僕の場合は1時間で効き始めて、あっという間に20回以上もトイレに駆け込む事態に。

その日だけで体重が２kgも減って、２週間の間に合計６kgも体重は落ちたので、パンチャカルマは単なるデトックスに限らずダイエットにもなりますが、それなりに体力も消耗します。

そして最後の1週間の間に徐々に体力を戻していくのですが、最後の仕上げの治療としてバスティ（浣腸療法）も体験。

このバスティは、アーユルヴェーダの中でも最も万能的な治療法の1つとして知られており、現代人の抱えている不調は、バスティで半分以上は治せると言われています。

パンチャカルマのバスティは、一般的にはオイルを注入する〝アヌヴァーサナ・バスティ〟と、煎じ液を注入する〝ニルハ・バスティ〟を交互に繰り返します。

まずは、オイルのアヌヴァーサナ・バスティからチャレンジするのですが、これは100㎖ほどのオイルを腸内に最低20分ぐらいは出さないように溜め込んでおきます。

これは全然痛くも痒くもなく、むしろ気持ち良いくらいで楽な治療ですが、衝撃を受けたのは、もう1つの煎じ液を注入する〝ニルハ・バスティ〟の方。

こちらは４００㎖ほどの煎じ液を大量にお尻から注入するのですが、口から胃を通っての消化吸収よりも、腸へダイレクトに薬液を流し込むと腸は水分を一気に吸収して２分で全身に巡るようで、毒でも薬でも効き方がハンパではないようです。

オイルの時は、そこまで一気に吸収しないので余裕がありましたが、大量の煎じ液は、腸壁で吸収されてから一瞬で全身を駆け巡るので１分も持たずしてトイレに駆け込む事態に。

この苦しみは、人によっては前世の記憶が蘇るほどのインパクトらしく、途中で倒れてしまう人もいるので、スタッフが付ききっりでトイレの前で見守るほど高度なバスティです。自分自身もまた10分間は手足の先まで震えて脂汗だらけで全身ビッショリ、記憶も定かでないほど頭の天辺まで痺れる感覚がありました。

とはいえ、投入から30分もすると、あの苦しみは何だったのかと思うほど、人生でここまでスッキリ爽快感を味わったことがないような、本当に生まれ変わったような体感。

肌も白くピカピカになり、血色も良くなり、目もよく見えて、心もなんだか幸福感に包まれて明るい気持ちになります。

とことん、オイル漬けからヴィレーチャナとバスティによって完全にデトックスして腸が生まれ変わると、人生そのものがリセットされて生まれ変わったような素晴らしい体験となりました。

おかげさまで、その後に退院して体力が戻った頃には、パンチャカルマを始める前よりも遥かに体調も良くなり、3年以上も抱えていた自律神経の不調などもすべて吹っ飛んでしまい、さらに日に日に健康になっていきました。

他に入院していた方の中には、ステージ4の癌がパンチャカルマで消えた方もいたり、他にも難病の方や西洋医学の医師から見放された方も、パンチャカルマで完治したケースもあるようなので、アーユルヴェーダは本当に素晴らしい代替医療の1つだと思います。

ここまで本格的なものは、日本においては、様々な規制もあるため、一筋縄では実践することはできないと思いますが、できれば八ヶ岳のエンディング・ヴィレッジの医療には、アーユルヴェーダの概念を多く取り入れ、簡易的でも良いので、パンチャカルマができる施設も作りたいところです。

もちろんパンチャカルマに限らず、アビアンガの全身オイルマッサージやシロダーラだけでも効果的ですし、また現代人の不調の半分を治せるというバスティであれば、看護師の資格でできる範囲でありますし、慣れたら自分でも投入することができます。

ただ、インドと日本では、気候条件や環境がまったく異なり、またインド人と日本人では骨格も体質も全然異なると思うので、日本には日本に合った形のオリジナル・アーユルヴェーダを作り上げていくのが良いと思います。

ネオ縄文というだけあって、あらゆるものを統合する意味でも、最近耳にする〝和ーユルヴェーダ（日本×インド）〟の考え方であったり、さらに厳格過ぎずに多少緩い意味を込めて〝和緩ヴェーダ〟くらいの感覚が良いのかもしれません。

インドのハーブの代わりに日本の野草などを使ってみたり、食事もマクロビオティックの概念なども取り入れた和食の食事療法、さらには鉱物（ミネラル）においては、日本特有の温泉を使った湯治療法も組み合わせたいところです。

八ヶ岳エリアは、掘れば良質な温泉が出ることも予めわかっているので、エンディング・ヴィレッジにも温泉があると理想的であります。

天然温泉もあって、アーユルヴェーダの施術や治療も受けられて、さらに地産の自然栽培のお米や野菜を使った美味しくて健康的な食事療法もできれば、緩く楽しく幸せに元気になれます。

オイル治療は、関節痛には劇的なほど効果も高いので、アーユルヴェーダの治療法は、その点でも老後の体のケアにピッタリです。

個人的にアーユルヴェーダが好きな理由の1つに、アーユルヴェーダは伝統医学ではありますが、生命の科学と言われるように、医学だけがすべてではなく、この宇宙の法則から人が生まれ死ぬまでの目的に至るまで、哲学的な考えも多く含まれていることがあります。

アーユルヴェーダの概念からすると、ドーシャのバランスが整っていれば、誰だって病気知らずで健康的にいられるものであり、そしてアーユルヴェーダは病気治療が本当の目的ではなく、アーユルヴェーダを通して人生を豊かに幸せに生きることを目指しています。

そのためには病気や不調なんて抱えずに、癌や難病であろうと、とっとと治して健康体でいるのがスタートラインであり、さらには若返りのアンチエイジングをし、その先は魂の解脱とも言える不老不死の真我覚醒の道を目指すのが本来のアーユルヴェーダの目的です。

これはエンディング・ヴィレッジの目的とも繋がり、元気なうちから入り、健康を維持しながら若返りも目指し、さらに病気知らずで心身の健康だけが目的ではなく、精神性の向上も含む意識の変容こそが、エンディング・ヴィレッジの深い部分の目指す先にあります。

その結果、医療費の負担も介護費の負担もかけず、後世に対してお荷物としての存在になるのではなく、貢献できる存在として最期まで個々の役割を果たして生きることができるのです。

第7章

オープニングから
エンディングまで!
赤ちゃんから生まれ育ち、
一貫してコミュニティを
出ることなく幸せに
生涯を終える!?
そんなコミュニティが良い!!

学校はなくてもいい!?　子供はコミュニティの中で暮らすだけで学びがいっぱいあるというスタイル！

コミュニティにとって〝子供の教育〟に関わることは非常に重要な意味があります。

「コミュニティにとって子供が必要」

でもありますし、

「子供にとってコミュニティが必要」

だと思うからです。

まず、なぜコミュニティにとって子供が必要となるのか。

1つは多世代が入り混じるコミュニティとなるには、高齢者や大人だけでなく、子供という存在が必要不可欠であります。

コミュニティ活動は、掲げる理念や特性によっては、どうしても同じタイプ(年齢)の人々が集いやすい傾向があると思います。

お祭りフェスなどのイベント中心型のコミュニティであれば、若い人々が多く集うでしょうし、八ヶ岳のように昔からセミリタイアした人々の安住の地として人気の場所は、比較的年齢層が高い人々が集いやすくなります。

ただの仲良しクラブの集いのコミュニティであれば、気の合う仲間と同世代で短期的に集って、人がいなくなったら自然と解散するのも良いことだと思います。

でも、同じ世代の仲間だけでいると、どうしても刺激が足りなくなったり、特にシニア層だけのコミュニティだと、一般的な過疎化の村や老人ホームなどの施設と変わらない環境になってしまうこともありえます。

エンディング・ヴィレッジは、リタイアした人々が悠々自適にのんびりと余生を過ごす場所でもありません。

誰もが自分の個性を生かし、自分の役割を持って生き続けることが、自分のためにもなり周囲のためにもなり、コミュニティ全体や社会のためにもなります。

仕事を離れ、自分の子育てを離れたおじいちゃんやおばあちゃんの立場であるからこそ、余裕を持って子供たちと関われる人も多くいるかもしれません。

自分自身が子育て現役時代に散々苦労したからこそ

「もう2度と子育てはしたくない」

と思うよりは

「この経験を次の世代の人々のために何か生かせたら」

と思う〝お父さんだった人〟や〝お母さんだった人〟は多いと思います。

昔の拡大家族で多世代が入り混じる家族コミュニティだった日本社会においては、孫やひ孫に日頃から関われる環境であったかもしれませんが、分離社会となった今、自分の子供や孫は生活の距離も心の距離も遠くなってしまった存在であります。

エンディング・ヴィレッジにおいては、子育て経験がある人はとても頼りになる存在であり、そのコミュニティ内の子供たちに日頃から接するだけで子育て現役世代の親がまず助かります。

そして、子供たちも子供同士だけでいるよりも、また自分の家族とだけ接するよりも、血縁を超えたおじいちゃん、おばあちゃんといることによる刺激は計り知れないほど大きなものです。

歳を重ねれば重ねるほど、誰もが広く深い人生経験を持つことになり、自分にとっては大した話でなくとも、または身近な家族や仲間には当たり前の話でも、子供たちにとっては、1人ひとりの1つひとつのエピソードが、未知なる魅力に満ち溢れている可能性もあります。

〝おばあちゃんの知恵袋〟には、どんな優れたチャットGPTでも勝てないのかもしれません。

他方、子供の役に立って何か叡智を与えているようで、シニア層の人々は、反対にたくさんの刺激や叡智を若い人、子供たちから受け取ることになると思います。

子供にとっても、シニア層にとっても、さらには子育て現役世代の親にとっても、みんながWin-Winになれるのが、多世代が入り混じるコミュニティです。

もちろん子育て経験がない人でも、子供が大好きな人、子育てが誰よりも得意な人はたくさんいます。

逆に親だから子育てが好き、親だから子育てが得意であるとは限りませんし、子育て経験があっても子供と接するのが不得意な人も大勢います。

自分に子供や孫がいなくても、コミュニティの子供は自分の子供だと思って接する人も出てくることでしょう。

子供の教育に関わりたい人は大勢いるのに、今の社会構造の中では、学校の先生にならないと子供に関わる接点が持てず、これからの教育は学校という枠を超えて暮らしの中に組み入れていくことが必要です。

「親だから必ず自分の手で子育てをする」
「子供は必ず学校で学ばないといけない」

などの一般的な常識は一切手放し、子育てなどの育児に限らず家事なども含めて、得意なことは得意な人に、好きなことは好きな人に任せ、子供は特別な教育や学校がなくともコミュニティで生活するだけで学びとなるのがエンディング・ヴィレッジの基本的な教育概念。

生活は自宅、仕事は会社、教育は学校などなど、分離社会となって暮らしが縦割りに分けられてしまいましたが、ネオ縄文の世界では、まず基盤として暮らしの中に教育があるのが理想的です。

そこでは、やがて子供たちも人の〝死〟に接して向き合うこともあるでしょう。

それもお世話になっていた近所のおじいちゃん、大好きでよく知っていた近所のおばあちゃんとのお別れの時も。

死が自宅からも切り離され、地域社会からも切り離されて病院の世界だけになった今、世代や血縁も超えて生活の中で、多くの人々が直接向き合うことはとても大切なことだと思います。

亡くなる直前だけ病院に駆けつけたり、亡くなった葬儀の時にだけ立ち会っても、そこには人が晩年を生き尽くした本質の姿は、なかなか感じることができません。

生きることとは、誰もが日々死に向かって歩んでいることでもあり、特に人生の最期のステージを生きている人の姿は特別なものです。

「花は枯れる（散る）から美しい」

とも言いますが、花は咲いていても枯れても美しいし、何より枯れていく姿そのものを美しく感じる人もいます。

食卓に出てきたご飯だけ食べていても、どうやってお米ができたのか、その生命の循環を子供たちが知ることも感じることもできません。

肉や魚、お野菜だって同じです。

それは人間もまた同じ。

どうやって生まれて、どうやって死んでいくのか。

そういった意味では、助産院などの命が生まれる場も、子供のいるコミュニティには必要不可欠かもしれません。

赤ちゃんとして生まれてから、子供として学び合いながら育ち、やがてコミュニティで大人になって働くようになり、最期はコミュニティの中で死を迎えられる。

エンディングだけでなく、オープニングの生まれる時から亡くなるまで一貫して、そのコミュニティを出ることなく、幸せに生涯を終えることができる場を目指すのが、八ヶ岳エンディング・ヴィレッジの理想的なコミュニティスタイルです。

これは新しい文明であり、国でもある!? 多世代コミュニティが必要な理由!?

そして、コミュニティとして本当の意味で〝持続可能な村〟を意識する場合、次世代にどのようにして引き継いでいけるかは大変重要なことです。

いくら持続可能な農業をやっていても、いつかは人が歳をとって農業そのものができなくなれば農業だって持続可能ではなくなるもの。

同じようにコミュニティもまた、同じ世代だけの集いとなって次世代への継承がなければ、ただみんなで歳をとっていくだけで、過疎化の地方の村と同じようにやがては少子高齢化とともにコミュニティも自然と消えてなくなってしまいます。

コミュニティにとって、人の循環は最重要課題の1つです。

10年以内でベンチャー企業の90％以上は消えてしまうとビジネスの世界では言われますが、コミュニティも10年以内で消えてしまうものもあれば、中には50年、１００年と持続していくものもあると思います。

コミュニティも役割を終えれば、それで消えていくのも自然な流れですが、縄文時代の三内丸山遺跡のように１０００年以上続くような集落（コミュニティ）も今後は出てくるかもしれませんし、そんな持続可能なコミュニティモデルが今の世界には必要だと思います。

それは単なるコミュニティというより、新しい国でもあり文明のようなもの。

エンディング・ヴィレッジをはじめ、キブツ八ヶ岳のコミュニティ活動も10年、20年で終わるものではなく、50年、１００年、はたまた５００年、１０００年続く未来を見据えて今からデザインしていくつもりであります。

そのためには、若い人々をはじめ、子供たちが集える環境を整えて多世代コミュニティにしていくのが望ましいです。

多世代コミュニティであることが大切なのは、世代を超えて刺激を与え合ったり、役割に分かれて助け合うだけでなく、人の循環によるコミュニティを持続可能にしていくことができることにも大きな意味があります。

魅力的なコミュニティとするには、魅力的な人々が集まってくることが大切であり、そのためには魅力的な環境となりうる要因が揃っていることが重要です。

魅力的な環境とは、どの世代も安心して暮らせるということがまずは基本であると思います。

安心して自然分娩もできる助産院があれば、これから赤ちゃんを産もうとする世代の人々が集まってきます。

安心して子供を預けられる場所、子育てができる場所、画期的な子供の教育が受けられる学校があれば、子育て世代と子供たちが集まってきます。

安心して働きながらも学べる場所があれば、どんな田舎であっても志高く夢を持つ若い人々が集まってきます。

安心して統合医療などを受けられる病院があれば、第二の人生から最期のステージまでを過ごすシニア世代も集まってきます。

どの世代の人がコミュニティにやってきても、ちゃんと居場所や役割があれば、多世代がバランス良く暮らせるコミュニティとなります。

もちろん多世代であれば誰でも良いというわけではなく、同じ価値観や意識を共有できることが大切であり、コミュニティとして大切にしている〝軸〟をしっかりと固めておく必要があります。

みんな地球の子!?　互いが学び合う〝共育〟!?
子供たちと親の居場所づくりをサポートするテラ子家プロジェクトとは!?

「地球人としての自覚を持って未来共育の構築を行う」

このような理念を掲げて2023年から有志のコミュニティメンバーで始まったキブツ八ヶ岳のテラ子家プロジェクト。

〝テラ〟は地球であり、大人も子供も含めてみんな〝地球の子〟としてお互いが学び合う教育ではない〝共育〟という言葉を使っています。

キブツ八ヶ岳には、まだまだ立派な学校や高度な教育法があるわけでもなく、また優れた教師が常駐しているコミュニティでもありません。

でも、八ヶ岳周辺には日本有数の豊かな大自然があり、この自然だけでも人間では教えられない多くの叡智を教えてくれるし、またキブツ八ヶ岳には、大きな自然栽培の農場とコミュニティ関連施設があります。

今あるもの、今ある環境でできることから始める。

学校づくりをする前に、今の子供たちや子育て世代が困っていることのためにコミュニティとして役立てる一歩を踏み出すことを始めました。

八ヶ岳エリアも都会と変わらず、長く続いた分離社会の影響で核家族が多く、また他の地域に比べてシングルマザーなどのワンオペで子育てをしているケースも非常に多く見受けられます。

仕事から家事、育児をすべて1人のお母さん（またはお父さん）がするのは、本当に容易なことではなく、また自然な環境での子育てを夢見てやってきた親子も、日々を過ごすことで精一杯となり、特に経済的に困窮している家庭では、満足のいく手料理も食べさせてあげられなかったり、どうしても食材1つ選ぶのも健康よりも価格が基準となってしまいます。

「無農薬野菜やお米なんて、とても高くて買うこともできない」

そんな子育て世代も多く、子供の食の大切さを理解しながらも、現実とのギャップで苦しんだり、そんなことすら頭で考えられないほど子育てに日々追われ続けている家庭も少なくはありません。

自然栽培で育てた野菜もお米も手作りのお味噌だって山ほどある。
自然に湧き出す湧水だってある。
子供たちが好きに遊び回れる大きな遊び場も、敷地には川もあるし森もある。
何より子供が大好きな大人がいっぱいいる。
でも、まだまだ子供がいないのがキブツ八ヶ岳……。

そこでキブツ八ヶ岳では、地域の子育て世代にできることの活動として、自分たちが所有するコミュニティ施設を無料開放し、そこに親子で滞在して遊ぶのも無料、無農薬野菜とお米を使った食事も無料提供、大浴場も完備している施設なのでお風呂も無料開放し

「あとは家に帰って寝かせるだけ」

という親子のためのテラ子家オープンデーを実施。

1人ではゲームやスマホばかりに夢中の子供も2人以上集まれば、自然と遊び出す。

親はご飯を作るための買い物をしなくても、料理をしなくても、片付けもしなくても良い。

普段は家族だけ、または母子2人、お留守番の時は最悪、子供1人でご飯を食べさせなければいけない時もあるのに、たくさんの子供と多世代の大人に囲まれた賑やかで楽しい食卓。

おまけに普段手にすることもできない、食べさせることもできなかった自然栽培の食材に体に優しく健康的で美味しい料理。

プレでひっそりと企画したオープンデーも噂が噂を呼んで、初回で60名以上の親子が訪れて、それはそれは本当に賑やかで豊かな時間を過ごすことができました。

「立派な学校づくりをする前に、まずは母子を中心に子育て世代が安心して暮らせる環境を」

未来のエンディング・ヴィレッジの構想の中にある子供たちとの関わり方について、大きなヒントやインスピレーションを受け取ったイベントでしたが、これを無理なく日々持続していくには、まだまだ経済面やスタッフの対応など様々な工夫が必要ではあります。

でも、普段は大人の姿しか存在しないコミュニティ施設の中で、たくさんの子供の声と笑顔が飛び交う時間は本当に豊かなものでしたし、何より普段子供と接することも少なくなってしまったコミュニティメンバーが見ず知らずの子供とも交流することで、逆にたくさん幸せとエネルギーを受け取ることになり、これはお金には換えられない格別な時間であると思っています。

こうやって、同じ敷地内や施設の中で大人も子供も入り混じり、ただ食卓を囲んで会話をしているだけでも、エンディング・ヴィレッジで掲げたような多世代交流は実現しており、すでに学校が存在せずとも、たくさんの〝共育〟が始まっています。

第8章

「理想的な教育コミュニティの見本を作りたい」マハリシ・マヘーシュ・ヨーギーのモデルはこうなっている⁉

ネオ縄文の〝共育〟は可能か⁉　八ヶ岳エリアでの教育環境の現状とは⁉

「キブツ八ヶ岳ではどんな学校を作るのですか？」

という質問がよくあります。

コミュニティという基盤があって、生活の中、暮らしの中で自然と子供たちも学びを得ることとは、縄文古来の日本の教育として外せないものですが、ここはなんと言っても〝ネオ縄文〟がテーマであり、その基盤がありつつも、それ相応の新しい時代に相応《ふさわ》しい教育や学校も必要となります。

八ヶ岳南麓の山梨県北杜市には、認可保育園が13施設あり、市立小学校が9校、市立中学校が9校、市立高校が4校あります。

他に自主運営の森のようちえんが1つ、オルタナティブスクールが2つほどあり、個人が主宰する子供の居場所づくりの拠点となると他にもいくつかあります。

公立私立、また認可・自主運営どちらにおいても、八ヶ岳エリアの教育環境は、決して悪いものではなく、未就学児までは、ある程度は多様性の選択肢（受け皿）が多いものの、小学校以上となると選択肢は基本的に公立の一般的な学校教育が中心となってきています。

その結果、小学校に入った段階で公立学校へ行かない、または行けない子供の数も年々増えてきており、その子供たちの受け皿としての選択肢が、まだまだ限られているのが大きな課題ともなっています。

都会とは違って、良くも悪くも八ヶ岳エリアは、学校に行かないと周辺には子供の行ける場所は何もなく、大自然しかないため、結果的に自宅に籠る選択となるか、思い切って環境を変えて引っ越してしまう家庭も少なくはありません。

「自然があるなら自然を生かした教育を」

そう夢を描きつつ教育に関心を持つ人も八ヶ岳内外には多くいますが、現代の小学生以上の子供たちにスポット体験ではなく、自然で遊ぶこと、学ぶカリキュラムや仕組みを年間を通して継続的に作っていくのは容易なことではありません。

そもそもテレビもYouTubeもない時代であれば、勉強以外でも農業の手伝い、家業の手伝いをしてもらい、うまく子供も時間を潰すことができたかもしれませんが、これだけ情報化の時代で育った子供たちが、好んで外遊びや労働をやりたいと思うかは難しいところです。

農業を学ばせたい、自然で遊ばせたいと思うのは、親が一方的に望む願望であって、それが必ずしも子供が望むことと一緒とは限りません。

未就学児までは、それでも通用するかもしれませんが、小学校にも入り、特に高学年になるにつれてよほど天性として自然が大好きな子供でない限りは、現代は寒いのも汚れるのも苦手な子供が増えているのが事実です。

物心ついた時から、デジタル電子機器に触れて育った世代から、それを完全に排除して子育てをするのは不可能に近くなっています。

でも、今のＩＴが発達した情報化時代であれば、ジャングルの中だろうと砂漠だろうと世界中どこにいても情報を得ることができたり、ＩＴを使いこなす教育も実践することができます。

ネオ縄文の教育なら、山や川遊び、食べ物づくりや採集、さらに火おこしなどの自然に沿った縄文教育を実践しながらも、竪穴式住居の代わりにドームハウス式住居の近代建築の中で、パソコンなどをフル活用し、プログラミングなどのＩＴ技術を学習することもできます。

特にキブツ八ヶ岳であれば、歩いても行ける範囲のエリアに無農薬の自然栽培ファームが多数点在しており、そこで食べるものを命の循環によってゼロから順にどうやって生み出せるかを実践を通して学ぶこともできます。

子供にスマホを触らせない、ゲームをやらせない、なるべくデジタル電子機器と関わらせない環境を望むことも確かに大切ですが、今の時代に１００％それを実現するにはかなりの労力が必要ですし、どうしても周囲の友達とも価値観が合わず、親子も孤立してしまいがちです。

普段の生活の中だけにスマホやゲーム、パソコンなどのデジタルツールを持ち込むと、それは依存症となってしまうリスクはありますが、すべては使い方次第であり、テクノロジーを否定せず、それを逆に生かす視点を持って上手に教育の中にも活用していけば、子供の学ぶ好奇心を惹きつける絶好のツールともなり、そこを足がかりにして後から自然な教育も包括させていくこともできます。

何より僕自身が、小さな頃からゲーム三昧の生活をしており、携帯電話だって誰もまだ持っていなかった学生時代から手に入れ、その延長線でパソコンやインターネットにも早い段階から手をつけ、その結果としてデジタル化社会を抵抗なく過ごして事業にも繋げています。

コロナ禍を経て、都会のオフィスワークでないと仕事ができないという常識がひっくり返ったように、これからの学校での教育も都会や街中のしっかりとした校舎がないとできないという常識はひっくり返ると思います。

むしろ自然環境やリアルに人が集まるコミュニティ環境は、デジタル化がどんなに進んでも、それを補うことは簡単ではなく、これから先の学校も田舎にあるほど、より自然ともバランスの取れた包括的な教育ができる時代へと変わってくるかもしれません。

八ヶ岳は、そういった意味においては理想的な環境が揃っている地であり、ここで最先端のＩＴ技術も学び、自然から学ぶ教育、さらには世界で活躍できるビジネス教育も展開していきたいと思っています。

マハリシ国際大学（ＭＩＵ）という学校型コミュニティの様相!?

「バリ島のグリーンスクールはサスティナブル教育として世界一素晴らしい」

「シュタイナー教育こそ最高のものだから八ヶ岳にも是非シュタイナー学校を」

世界中には、たくさんの教育法や学校があり、どれも子供の能力開発や人格形成にも役立つ素晴らしいプログラムが導入されていると思います。

そんな中、瞑想を教育に取り入れている世界でも珍しい学校があり、さらに学校そのものがコミュニティである稀有な学校が存在しています。

それはアメリカのアイオワ州のフェアフィールドという町にあるマハリシ国際大学(Maharishi International University = MIU)です。

ビートルズや多くのミュージシャン、アーティストが師と仰いだ〝超越瞑想＝TM(Transcendental Meditation)〟の創始者であるマハリシ・マヘッシ・ヨギが設立した大学です。このMIUの最大の特徴の1つは、すべての学生と教授、教職員が超越瞑想の実践者であることです。

MIUでは〝意識に基づく教育(CBE)〟という言葉を用いており、その教育システムは、学問分野だけでなく、学生の内面的な意識の成長にも非常に重点を置いています。意識の成長もなく、知識だけの詰め込み教育では、せっかくの知識も知恵となることはありません。まずは土台となる意識そのものを拡大させることにより、知識を十分に学ぶ受け皿を整える必要があります。

そのために瞑想は非常に効果的であり、脳の活動領域を広げて活性化させることで集中力も高め、学生の潜在能力を引き出す効果が期待できます。

だらといって瞑想そのものを学ぶ学校というよりも、日々瞑想を実践しているのがベースとなった上で、様々な教育プログラムを導入している大学であり、多様な学士、修士、博士プログラムを提供しています。

特に全米で人気もレベルも高いのが、コンピュータサイエンスの修士課程であり、世界中から学生が学びに来て、卒業生の多くはアメリカの大手ＩＴ企業で活躍しています。

アメリカの学生留学は、学費がネックであり、軽く見積もっても年間800万円から1200万円もかかると言われていますが、MIUのコンピュータサイエンス学部は、わずか5000ドル（約75万円）ほどで入学することが可能。

とはいえ、卒業までに合計850万円ほどかかるのですが、残りの学費は在学中の企業インターン（昼間に働き夜にオンライン講義で学ぶ）で返済できる奨学金制度となっており、アメリカ大手IT企業のインターンでは、年間1000万円ほどの収入を得られるので、あっという間に学費も返済できる仕組みとなっているそうです。

お金がないからといって学ぶことさえできない環境ではなく、まずは奨学金を利用して誰でも学ぶことを優先できるようになっており、その上で実践を通してITを学びながらも給料をもらい、奨学金もすぐ返済し、そのまま大手IT企業ともコネクションができて就職も有利になっています。

Googleだけでも MIUの卒業生が毎年100人以上、入社しているそうです。

また他にもサスティナブル・リビング学部など、持続可能な暮らしを学ぶコースもあれば、インド古代哲学の基盤であるヴェーダを学ぶ一環として、アーユルヴェーダやヨガを学ぶ科目もあります。

ＭＩＵの敷地面積は、約３７０エーカー（１５０ヘクタール）であり、東京ドーム32個分の広大な面積があり、端から端まで歩くと30分以上もかかります。

キャンパスには４００名ほど在籍しているので、大学としては小規模でありますが、オンラインでも数千人が在籍しています。

午前と午後の授業の最後に必ずグループ瞑想をしており、学生も入学と同時に超越瞑想で必要なパーソナルマントラが伝授されます。

学食も完備されており、食事はすべてオーガニックのベジタリアンビュッフェ形式であり、野菜は学校が所有する有機農場から支給されています。

また学生の寮も完備されており、朝からヨガやアーユルヴェーダの日課を実践しながら、何よりも1つに800人以上も入ることができる黄金瞑想ドームが男女それぞれ用意されており、毎朝夕にグループ瞑想ができる環境にもなっています。

学校の保健室と言える施設も単なる西洋医学の治療だけではなく、アーユルヴェーダの治療や処方も受けられる環境となっているのも素晴らしいもの。

さらに大学の敷地の中には幼稚園から高校までの子供たちが通える〝マハリシスクール〟も併設されています。

2歳から5歳までの児童が通うのが〝マハリシプレスクール（幼稚園）〟であり、全体で約30名（2024年度）ほどの未就学児が在籍しています。

4歳になると、マントラではなく知恵の言葉と言われる歩く瞑想を学び、1日2回（約5分）だけ朝と午後に瞑想をします。

こうしたヴェーダ教育とも言える意識に基づく教育を重点に置くだけでなく、モンテッソーリ教育や自然教育も同時に兼ね備えているのがマハリシプレスクール。

自発的な天才を育てると言われるモンテッソーリ教育は、イタリアの医師で教育者であったマリア・モンテッソーリによって開発された教育法であり、子供の自主性を尊重し、自己成長を促進することを目的にしています。

ここでは、超越瞑想の源である純粋意識を直接体験する瞑想を軸としながらも、知識と体験の両輪によって、より早く、快適に成長できる教育プログラムを導入しています。

そして、マハリシプレスクールを卒業した後には〝マハリシスクール（小・中・高）〟があります。こちらには全体で約１３０名（２０２４年度）の学生が在籍しています。

10歳になると、歩く瞑想（知恵の言葉）から座って行う瞑想に切り替え、１日2回（約10分から15分で年齢によって異なる）の瞑想を実践するようになります。

高校生にもなると留学生も多く、より国際的な交流ができるようにもなり、またヴェーダに関する学びも本格的になり、知識はもちろんのこと、校舎の最上階には、静寂の瞑想ルームもあり、ヨガも実践できるようになっています。

入学試験はありませんが、常に全米トップ５の成績を維持しており、また高校の卒業生の95％以上が４年制大学に合格している実績もあります。

教育問題ともなっているいじめもまったくなく、生徒も教師も皆が瞑想実践者であるから、生徒と教師も深い信頼関係で結ばれており、学校関係者の方々も皆がとても穏やかで精神性の高い人格者が多い環境となっています。

そして、何よりもまた驚きなのが、マハリシ国際大学にしても、マハリシスクールにしても、学生寮にしろ学部棟にしろ、食堂にしろ、すべての学校敷地内の建物という建物は、入り口が東向きに作られていること。

それどころか、建物の形状などもすべてこだわり尽くした仕様となっており、これもまた5000年の歴史を誇るヴェーダ科学における建築知識に基づく〝スターパティヤヴェーダ〟という建築学を用いています。

いわゆるヴェーダ科学、哲学や宇宙法則から建物の方位や間取りなど、意識の向上に向けて最適な建築学があり、その場合に建物の入り口は東向きであることが重要であったり、建物の中心の聖なる領域には人が歩かないようにする工夫があったりします。

東京ドーム32個分の敷地になる建物のすべてが、このスターパティヤヴェーダ建築学に基づいて構築されている光景はもう圧巻です。

さらに実際に僕自身が現地へ行って最も驚いたのが、実はMIUという学校だけではなく、この学校があるフェアフィールドという町が、瞑想実践者の町であり1つのコミュニティとなっています。

フェアフィールドは人口1万人ほどのアメリカでは小さな町ですが、そのうち3000人が超越瞑想の実践者たちであります。

学生や先生たちよりも遥かに数の多い町の30%もの住民が、同じ瞑想法を実践している仲間であり、その3000人の住民たちも大学敷地内での持ち家や賃貸で暮らしていたり、大学から徒歩圏内や車ですぐのところにもスターパティヤヴェーダ建築学で作られた専用の分譲住宅地や、自然エネルギーなどで発電・給湯・下水処理までもが循環するエコ・ヴィレッジもあります。

朝の集団瞑想の時間、夕方の集団瞑想となると大学敷地内にある黄金ドームに男女ともそれぞれ人がたくさん集まって来ており、そこで超越瞑想のメンバーたちが皆で毎日瞑想を実践しているのです。

大学の敷地とは別に〝The Raj(ザ・ラージ)〟という滞在型アーユルヴェーダトリートメント施設も存在しており、そこではアーユルヴェーダの専門医が脈診もしてくれ、トレーニングを受けた専門スタッフによるオイルマッサージ、パンチャカルマ、ヨガ、瞑想、オーガニックアーユルヴェーダ料理も提供しています。

「理想的な教育コミュニティの見本を作りたい」

と言って、マハリシ・マヘーシュ・ヨーギーは、ＭＩＵを50年以上前に創設しましたが、今では実際に瞑想コミュニティとして現実化しており、これからの時代の世界の１つの見本となっています。

八ヶ岳でも、このＭＩＵやマハリシスクールのような〝意識に基づく教育〟を軸に日本の社会、八ヶ岳の風土に合った理想的な教育コミュニティをエンディング・ヴィレッジを通して実現したいと思っています。

第9章

コミュニティの調和の図り方!? 1%効果、$\sqrt{1}$%効果、少数者の黙想が全体を良くする!? 木が育つ水や光となる栄養素

〝百匹目の猿現象〟だけは、信じられる!?
百匹目の猿の中の1匹となれ!?

僕は何か特定の宗教や信仰を持ってはいませんが、敢えて1つ信じ続けている信仰があるとしたら、それは〝百匹目の猿現象〟です。

百匹目の猿現象は、1950年代に日本の宮崎県串間市にある周囲4kmの無人島の幸島《こうじま》から始まったニホンザルの不思議な出来事のことです。

1950年に京都大学霊長類研究所の研究者たちが、この幸島に生息する野生のニホンザルにサツマイモの餌づけを試みる実験を始めました。

1952年にようやく餌づけに成功したのですが、初めの頃は、猿たちは、サツマイモの泥を手や腕で落として食べていたそうです。

ところが１９５３年のある日、１歳半の若いメス猿が泥を川の水で洗い流して食べる行為を始めました。

この川の水で泥を洗い流して食べる行為を、他の若い猿たちやメス猿たちも真似するようになり、１９５７年には幸島の７割以上の猿たちが川の水で洗ってサツマイモを食べるようになったそうです。

ただ、12歳以上のオス猿は、島の猿の群れでイモ洗いが定着した後もイモ洗いをしなかったそうです。

これは人間世界も同じであり、いつだって流行りを作るのは、若い女の子の世代であり、年配の男性は、なかなか新しい流行にはついていけず、古い習慣や価値観に囚われがちであります。

その後、幸島では川の水が枯れてしまい、川でイモを洗うことができなくなると、今度は海水を使ってイモを洗うようになったそうです。

川の水がダメなら海水を使うという知恵が働き、さらに海水で洗うと塩味が加わって美味となることもわかり、丸洗いするだけでなく、海水につけては一口かじるといった味つけの行動まで見られたそうです。

それだけでも猿の知恵は驚きですが、本当に驚くべき現象が起こったのは、ここから先でありました。

幸島の猿たちがイモを洗って食べ始めるのが一般化された頃、遠く離れた大分県の高崎山の猿たちの中にも海水でイモを洗うニホンザルがいるのが見つかったのです。

その後は高崎山全体の猿たちもイモを洗って食べるようになり、そこから他の島々のニホンザルたちもイモを洗って食べる習慣が伝播していったそうです。

これが〝百匹目の猿現象〟と呼ばれるものであり、ある行為をする個体の数が一定量に達すると、その行動はその集団だけにとどまらず、距離や空間を超えて広がっていくものと考えられています。

もちろん実際に猿が百匹目となったことで大きな変化が伝播するのではなく、便宜上百匹と数値化しているだけであり、何か新しいことを始める個体の数量が、一定量の〝臨界点〟を超えた時に同じ種の異なる群れに広がっていくことになります。

百匹目の猿現象については、今でも賛否両論、一般的には起こり得ない現象として否定する学者も多いですが、個人的には十分に起こり得る可能性が高いと信じており、人間社会においても同じことが起こると思っています。

この百匹目の猿現象を広く世に広めた第一人者に経営コンサルタントで経営の神様と呼ばれた故・船井幸雄先生がいますが、船井先生は

「世の中を良い方向へ変革するのに一番肝心なのは、良いと思うことを誰かが一刻も早く始めることです。人より早く気づいた人が自ら先行するマイノリティ、つまり百匹目の猿の中の一匹になるべく努めれば良いのです」

と伝えていました。

世紀の大変革期に入った今、世界をひっくり返す大革命を起こせるのは、意識の大革命であり、目覚めた人が一定数の臨界点を超え、そして早く気づいた人が率先して良いこと、新しいことを行動に移すことが重要だと思います。

イモ洗いの代わりとなる新しい時代に必要な習慣を新しい人類へ繋ぐ百匹の猿の一員となるのか、それとも後から無意識に変えられてしまうその他大勢の一般の猿となるのか、それとも最後まで行動も意識も変えることができない年老いたオス猿のままでいるのか……。

こうした集合意識という視点においては、コミュニティの持つ役割は非常に大きなものであり、幸島の猿の群れのような革新的な人間の群れ（コミュニティ）が、新しい常識や新しい価値観、新しい社会を世界に向けて発信することができます。

・奪い合うのではなく分かち合うことを
・消費するよりも生産することを
・競争するよりも共生することを
・お金ではなく生命《いのち》が中心の経済を
・次世代への負担を増やすのではなく支援を
・病気になる前に病気にならない暮らしを
・多世代が入り混じり大人も子供から学べる教育を
・元気なうちから共に暮らし、お互い助け合い、最期まで看取り合える関係と環境を
・安心して旅立ち、また還ってくる命の循環を
・個性を潰すのではなく、個性を生かし合い、本当の意味で持続可能な社会を……

小さなコミュニティで始まった非常識の概念が、やがて10年後、１００年後の地球全体の常識になることだってあるのかもしれません。

マハリシ効果とは？　通称１％効果!?
大勢の人が同時に瞑想を行うと、社会全体に良い影響を与える!?

百匹目の猿現象と似た現象の１つに〝マハリシ効果〟と呼ばれるものがあります。

マハリシ効果とは、超越瞑想（ＴＭ）を提唱したマハリシ・マヘッシ・ヨギによって示された理論で、大勢の人が同時に瞑想を行うことで、社会全体にポジティブな影響を与えるとする仮説です。

通称〝１％効果〟とも呼ばれ、国家や都市人口の１％以上の人がＴＭを実践することで、その都市全体に肯定的な影響が生み出され、社会の暴力や紛争が鎮まることが数々の実験データからも明らかになっています。

百匹目の猿現象におけるイモ洗いの行為が瞑想にあたるのですが、伝播して大勢に影響を与えるのは瞑想行為そのものではなく、瞑想状態の意識である〝純粋意識〟です。

瞑想を実践されている人は、まるで音叉や電波塔のような周波数を周囲に発信しており、それによって影響を受けた人は、同じような平穏で純粋な意識状態へと無意識に誘導されていくのです。

家の中で1人が瞑想するだけでもそれが同居する家族へも伝播し、家族全員が瞑想をすると集落まで伝播し、集落の仲間が一定数、グループ瞑想を続けていると、その町全体の人々の潜在意識にまで深く影響を与えることができます。

山梨県北杜市は人口4万6000人ほどなので、1％の460人が同じタイミングで集団瞑想を実践すると北杜市全体の犯罪率が低下し、人々が皆平和的に日々を過ごせるようになります。

キブツ八ヶ岳の周囲に集まる人々が400名を超えることは十分に実現可能な人数でありますので、エンディング・ヴィレッジには大勢が収容できる瞑想ドームが必要かもしれません。

とはいえ、人口80万人の山梨県全体では８０００人以上、人口１億２０００万人を超える日本全体では１２０万人以上が必要であり、世界全体の平和となると８０００万人以上という途方もない数の人々が瞑想を実践する必要があります。

ただし、ＴＭのより上級瞑想テクニックである〝ＴＭシディプログラム〟の実践者であれば、世界人口の√1％の人数（約９０００人）で世界全体に肯定的な影響を広げることが可能であるそうです。

これが〝√1％効果〟と呼ばれるものであり、現在の日本全体なら１２００人がグループ瞑想の人数に必要なようです。これなら現実的にも不可能ではない数字かもしれません。

この〝√1％効果〟は、過去に様々な大規模瞑想会によって実験されてきており、特に有名な出来事として知られるのが、１９９３年の米国ワシントンＤ.Ｃ.の４０００人のＴＭシディプログラム実践者による犯罪率の低下実績です。

この実験に関しては、マハリシ総合教育研究所による以下のような報告があります。

１９９３年当時、ワシントンD.C.は世界で最も暴力犯罪が多発する首都であり、１９８６年から１９９２年までに犯罪率が77％も上昇していました。

この実験の研究者たちは、４０００人のTMシディプログラム実践者が集まって大規模なグループを作ることによって、１９９３年の夏の間にワシントンD.C.における重大犯罪（殺人、レイプ、暴行）が20％低下するという予測を公表しました。

これを聞いた当時のワシントンD.C.の警察署長は、この予測に懐疑的で、テレビ出演までして

「雪が20インチ（約50センチ）降り積もらない限り、犯罪が20％低下することはないでしょう。〝心の調和〟だけでそんなことは起こりません」

と断言されたそうです。

この実験は夏の期間に行われたので、雪が降るという言葉は、事実上〝不可能〟を意味しています。

研究結果にしっかりとした客観性を持たせるためにも、超越瞑想の団体とは無関係である科学者、政治家、警察隊の隊員など24人のメンバーによる委員会が結成され、直近5年間における犯罪率の統計データの実際の数値と比較されて徹底的に実験は検証されました。

1993年の6月に実験がスタートしたものの、TMシディプログラム実践者は全員がボランティアのため、すぐに全員が集まることができず、8週間の実験の期間に徐々に参加者が増加し、最後の2週間にやっと4000人に達したそうです。

その結果、TMシディプログラム実践者の人数が増加するにつれて犯罪率が低下する相関関係がはっきり認められ、TMシディプログラム実践者の人数が最多になった時点で、重大犯罪の発生件数は23％も低下しました。

この相関関係が偶然に起こる確率は5億分の1と計算され、さらに詳細な分析の結果、ＴＭシディプログラム実践者のグループがもっと長く滞在できていたら、犯罪率は48％も低下していたであろうと推定されたそうです。

超越瞑想のグループ瞑想による犯罪率の低下など社会に肯定的な影響をもたらす効果は、過去50年以上にわたり20以上の研究論文によって確認されています。

２００６年から２０１０年の間には、アイオワ州フェアフィールドで２０００人規模の瞑想者が集まり、ＴＭシディプログラムをグループで継続して実施していました。

２０００人という人数は、当時のアメリカ人口の$\sqrt{1}$％である１７２５人を意識した数字であり、２００７年1月までにグループ参加者が１７２５人を上回ると、２００２〜２００６年の基準期間と比較して、殺人発生率は21・２％低下し、暴力犯罪発生率は18・５％低下したことが確認されました。

これは件数で見ると８１５７件の殺人が未然に防がれたことになり、単純計算では８１

５７人の命が救われ、同時にそれと同じ人数の犯罪者になったであろう人の人生が救われた可能性もあるのです。

日本はアメリカほど重大犯罪や暴力犯罪が多い国ではないものの、犯罪という行為そのものは、人の持つ意識の水準によって生まれる結果の行動に過ぎず、犯罪に至らずとも日常的に暴力的な行為や発言をしたり、意識を持っている人々は少なからずいます。

もっと深い部分においては、心の奥に怒りや不満、不安や悲しみを抱えて穏やかでない気持ちが犯罪的思考や思想に繋がっているのかもしれません。

治安が悪くなって犯罪率が上がるにつれて警備費の予算を増やしても、根本的な人の意識の部分の変化がなければ、イタチごっこであり、本質的な原因は変わりません。

経済格差をなくそうとしても、それを教育で変えられるのは一部です。人の意識そのものを変えるには、個々が瞑想をすること、グループ瞑想による影響もまた大きな力となるのは間違いありません。

それはコミュニティの調和を図るためにも絶対必要不可欠なことであり、キブツ八ヶ岳で瞑想を重要視しているのにも、そのような目的があります。

ここでは、何度か本書でも出てくる超越瞑想（ＴＭ）について、もう少し詳しくご紹介しておきます。

超越瞑想（ＴＭ）とは

「Trancendental Meditation（トランセンデンタル・メディテーション）」

の略の〝ＴＭ〟であり、日本語では〝超越瞑想〟と呼ばれます。

第一の意識「目覚めている時（顕在意識）」
第二の意識「夢を見ている時」
第三の意識「深い眠りについた時」

普通の人は、24時間365日、ほぼこの3つの意識のサイクルで生活しています。

もっと極端にいえば、起きているか、寝ているか。

でも、これらとは別の意識である

第四の意識「純粋意識」

と呼ばれる意識があり、この意識が宇宙や超意識とも繋がり、様々なインスピレーションをもたらす特別な意識となります。

瞑想は、この純粋意識に入るためのツールであり、脳波もアルファ波やシータ波など、普段はストレス波であるベータ波の周波数からリラックス脳波に変容します。

ＴＭは、瞑想の世界の中でも

「最もエビデンス（科学的根拠）のある瞑想法」
「最も簡単に実践できる瞑想法」

として知られており、世界中で広まっている瞑想法でありますが、日本ではマハリシ総合教育研究所が普及させています。

ＴＭのやり方は、本当にシンプルで簡単なものです。

まず、ＴＭの瞑想は基本的にやる場所を問わず、どこでやっても構いません。

とはいえ、移動中の電車や車の中では、なかなか集中しづらいので、余裕があるなら自宅の決まったスペースでやることをお勧めします。

座り方は自由であり、無理にあぐらを組んだり、床に座ることは必須ではなく、椅子に腰掛けてやるのもまったく問題ありません。

ただし目は開けたままではなく閉じて、それから言葉（音）を心の中で唱えます。

この言葉を〝マントラ〟と呼び、古代インドのヴェーダ科学の流れから５０００年以上継承されてきたものとなります。

このマントラは、１人ひとりにマッチしたものをＴＭ教師から対面で直接授かるものであり、それを普段は声に出したり、他人に伝えてはいけないことになっています。

マントラは複雑で長い言葉ではなく、どれもシンプルで覚えやすく唱えやすいものですが、とにかく声に出すのではなく、意識的に静かに静かに心の中で唱え続けます。

ＴＭをやる時間は、成人で朝夕20分ずつが理想的と言われています。

朝は起きてから朝食前や出かける前の早めの時間が良いですが、夕方に時間を取るのが難しい方もいると思います。

理想は就寝よりも前、夕食よりも前の方が瞑想には適しているといわれていますので、時間帯的には夕方5時から6時頃がベストでしょうが、その時間帯に難しい方は夕食から就寝までの間に20分取ると良いと思います。

瞑想終了後は、すぐに目を開けずに2分から3分ほど、徐々に意識と肉体のバランスが取れた頃に目を開けることも大切です。

詳しくは、専門家であるマハリシ総合教育研究所のTM教師から指導を受けると良いと思います。

TMは1960年代から60年以上も続いており、古くはビートルズが学んでいたことでも世界的に有名となりましたが、日本でも経営コンサルタントの舩井幸雄先生や京セラ名誉会長の稲盛和夫先生など実業家やビジネスマンにも広く普及しており、また学校教育の現場からも注目され、現在に至るまで世界60カ国の1000校以上に導入されています。

そして全世界２００以上の大学研究機関により実施された約８００件の科学的研究により、その有効性が確認されていることが、他の瞑想法との大きな違いの１つであると思います。

それも研究論文の半分が、専門分野の研究者によって行われる厳密な評価プロセスを経て認められる〝査読論文〟としても有効だと証明されています。

そうした研究論文で認められたＴＭの効果の一部については、以下の通り。


知的能力の全体的な向上。

前頭葉までアルファ波が広がる。

脳内血流が18％から20％上昇する。

前頭部が活発化し、判断力、意思決定、計画性、衝動性の制御、道徳律、ワーキングメモリー、自我より人間としての特質が発揮されていく。

右脳と左脳が同期し、アルファ波の同調が始まり、瞑想後も継続していく。

長くやればやるほど同調は長続きする。

統合的な脳を作る。
創造性を作り出す。
記憶力も上がる。
集中力も上がる。
不眠症の改善。
不安感の低下。
コレステロール値の低下。
インシュリン抵抗の低下（44％）による糖尿病の予防。
血圧の低下。
免疫力の向上。
長寿遺伝子のスイッチがオンとなる。
ストレスの軽減。
……etc.

これらはＴＭによって認められた効果のごく一部ではありますが、個人的にはＴＭに限らずどんな瞑想法でも良いので1日でも早く瞑想を実践することを強くお勧めします。

理由は２つあります。まず何よりも瞑想は、自分自身の人生をより豊かにするために非常に有効です。

自分自身の経験としても、瞑想そのものは

「〃百利〃あって〃一害〃なし」

と言い切れるほど、やらないよりは絶対やった方が良く、間違いなく人生が変わります。それもすべて良い方向に。

脳が変わること、心身の健康にまで大きな効果があることはもちろんですが、もっと抽象的なことでいえば、シンクロニシティの出来事が多発するようになり、インスピレーションが大量に降ってくるようになり、結果的に本来の自分のミッション（使命）を最もスムーズに歩むことができます。

僕が今まで知り合った偉大な経営者や実業家、世界で活躍するアーティストなどの多くは、ほぼ全員が種類は違えども瞑想、またはそれに近い習慣を毎日必ず実践しています。

かつてグループ年商400億円を超える大事業を一代で成し遂げた五十嵐由人社長は、20代の頃から60年間も瞑想を実践していますが、瞑想をやっていない頃は、夢や目標に向かって自分の足で一生懸命目指していたのが、瞑想をすると夢や目標が、向こうから逆に全速力の駆け足でやってきてくれると表現していました。

これはまさにそうであり、思い描いていた願望などが現実化するスピードが日に日に加速するので、自分自身も瞑想を始めてからの人生の変容にはとても驚いています。

潜在意識レベルから書き換え、アップグレードされていくので、どんなに自我は未熟でも、その人の真我が浮き出て、別人のように自分自身が変われます。

正確には〝変わる〟というよりも、もともとその人の持つ本質が浮かび出てくるだけなので、本来の自分に〝戻る〟という表現の方が適切なのかもしれません。

瞑想を勧める2つ目の理由としては、やはりグループ瞑想の必要性があるからです。

古代インドの聖典には

「人々の意識が乱れると、統治者の行動は崩れていき、やがて人々の行動も乱れ、やがて天変地異や異常気象も頻発するようになり、最後は植物さえも栄養を失い人間の役に立つこともできなくなる」

と書かれています。

進む地球環境の破壊や汚染、終わらない世界中の紛争や戦争、減らない貧困や飢餓……。

今、世界で起こっている目を覆いたくなるような惨状の数々は、あくまでも三次元の現象化された結果の出来事であり、この根源となる原因は地球人の集合意識の乱れ、意識汚染であると思います。

この真っ黒に薄汚れてしまった意識の渦に一点の光を差し込ませることで、ここが臨界爆発を起こし、この闇を一気に取り払う奇跡を起こすことができると思っています。

そのために必要不可欠となるのが、これから気づいた人々による個々人の瞑想とグループ瞑想であると思います。

八ヶ岳でも50人から100人程度の小さな瞑想会は定期的に開催していますが、東京などには数千人規模から、東京ドームのように5万人以上も収容できるイベント会場もあるので、いつか瞑想家たちが一箇所に集まって開催する大きな瞑想イベントも地球規模で実現したいものです。

またTMの研究によるとオンラインでも同じ時間にグループ瞑想をすると効果はあるようで、実際にリアルに集まる時に比べると30％ほど効果は落ちるものの、オンラインならより多くの人々が全国、全世界からタイミングを合わせて実践できるので、今の時代はそれも効果的だと思います。

この大変革期こそ、マハリシ効果、そして百匹目の猿現象による意識の大維新を起こす時であります。

第10章

醜いではなく“見にくい”
隠された磐長姫《いわながひめ》が
これからの風の時代の
主役になる!?

役にはまりすぎないで！
ここは舞台の上、演技している自分がすべてではなかった!?

八ヶ岳エリアは、古くから磐長姫《いわながひめ》の女神信仰があります。

磐長姫は、日本神話に登場する長寿や不老不死の象徴とされています。

大山祇神《おおやまつみのかみ》の娘であり、富士山に鎮座する木花咲耶姫《このはなさくやひめ》のお姉さんである磐長姫は、美人の木花咲耶姫に対して醜い女神であったと言われています。

その醜さ故に、天孫である瓊々杵尊《ににぎのみこと》のもとへと姉妹でお嫁に出されるものの、磐長姫は拒絶されて大山祇神のもとへ帰されてしまう悲しい物語となっています。

でも本当は醜いのではなく〝見にくい〟女神であり、それは目には見えない世界を司る神様であって、物質的な視点では見えない、見えにくい存在であったとも言われています。

これまで２００年を超える土の時代は、物質的な豊かさや目に見えるものがすべての現実的な社会でしたが、これからの風の時代は、この隠されていた磐長姫が表に出てきて存在感が強まり、精神的な豊かさや目には見えないものが重視される時代になると言われています。

10年前、20年前には、目には見えない世界のことを語ると、すぐに〝宗教〟や〝オカルト〟、さらには〝怪しい〟というレッテルを貼られる時代でしたが、今はスピリチュアルという言葉も日常的に使われるようになり、それこそ〝風の時代〟だって若い女性の間でも一般的に使われる言葉となりました。

これからますます多くの人たちが見えない世界のことを意識する時代となり、これまで見えなかったものが少しずつ理解されてくる世の中になってくると思います。

とはいえ、今はまだ土の時代から風の時代への移行期でもあり、まだまだ頭で考えながら見えない世界の存在を理解しつつある状況ですが、やがて百匹目の猿現象のように一定の人々が一定の段階にまで見えない世界の認識を理解すると、これが一気に全体へと大きく反転する時が来ると思います。

見えない世界が自分たちの本質であり、自分たちは見えない世界からやってきて、この見えている現実世界を体験していることを、頭ではなく深い内側から理解する。

例えば演劇の舞台があって、今現在はみんな演劇の舞台に上がって役者として存在しているのがこの物質世界であると言えるかもしれません。

自分が役者であることをすっかり忘れて、この地球という惑星のどこで生まれて、名前もこの名前で、こんな性格のこんな役割で、こんな物語の中でこんな人生を歩むと決めて納得してやってきている。

役者なのに、役にはまりすぎて、ここが舞台の上であることも、すべて演技であることも忘れてしまっている。

それも自分だけでなく、他の役者もみんな演じていることを忘れ記憶喪失となって、この演劇が現実のすべてだと思い込んでいる。

今の名前は、今回の舞台のために選んだ役の名前であり、これまでも様々な舞台で様々な名前と役を演じてきたけれど、どれも本当の名前ではないし、本当の自分という存在ではありません。

でも、それが本当の自分であり本当の役割だと思い込んで生きている（演じている）人の集団が、今のこの物質主義の地球人の世界だと思います。

これから風の時代がより進み、みなの意識が少しずつ見えない世界重視へと転換してくると、ある段階には、あの人もこの人も

「あれ？　役者で来ていたんだな」

と気づき始める時がくると思います。

それは深い深い眠りから目を覚ますような、夢から現実に戻されるようなハッとする感覚となるのか、ずっと勘違いして生きていたことに対するゾッとする感覚となるのかは、人それぞれだとは思いますが、いずれにしても自分が役者として舞台に上がっていたことに気づけば、そこからまったく違う世界が見えてきます。

舞台の上の物質世界が本当の現実じゃなくて、舞台を降りた外の世界から自分たちは来ていて、僕らは舞台からは見えない世界から来ていることを。

エンディング・ヴィレッジのエンディングは、自分の役の終わりを意味します。舞台を降りてまた本来の自分に戻ることを物語の中では〝死〟と表現されています。

この着ぐるみである肉体は舞台の外には持ち出せないから舞台で脱いで置いていくしかありませんが、この舞台で経験したこと、体験した思い出は、すべて舞台の外に持ち帰れば、その報告を待っている存在たちがいます。

地球観光で使ったインスタントカメラ（肉体）は、使い切ってしまうと写真はもう撮れないけれど、その記憶はフィルムに残されているので取り出して現像すれば思い出すことができます。

悲しい思い出や辛い思い出、楽しい思い出も、すべてがかけがえのない体験であり、終わってしまえば、すべて面白おかしく笑える人生だったのかもしれません。

最初から最後までずっとハッピーの物語ほどつまらないものはなく、波乱《はらん》万丈でハラハラ・ドキドキがあるからこそ、ハッピーエンドは盛り上がります。

でも、この世界の物語は、舞台を降りた時がエンド（エンディング）だから、どんなバッドエンドな物語であっても最後は絶対に笑いあり、涙ありの感動のハッピーエンドになると思います。

これまでの波乱万丈の人生も今与えられている試練も、すべて〝最後に笑うためのネタ作り〟だと思って人生を生きると、もう少しこの世界（舞台）が楽しくなってくるかもしれません。

皆の集合意識によって映し出される物語の結末は変わる!?

そもそもなぜ見えない世界から、この見える世界にやって来て、みんなで役者ごっこをしているのでしょうか。

魂の学びという考えもあれば、ただ地球に遊びに来ているだけなど、その考えは宗教や個人の思想によって様々ですが、1つの例として、やはり今の三次元のこの地球は学びのための学校だと思うのがわかりやすいように思えます。

他の学校（惑星）もきっとあるのでしょうし、小学生や中学生、高校生や大学生と同じように次元の世界によってもステージが変わる仕組みがあるのかもしれません。

物質主義の三次元の今の地球が、宇宙においては、どのステージなのかわかりませんが、きっと今の大転換期は、中学生までの義務教育も終わって、一歩自立した高校生になるくらいの大きな変化の節目を迎えているのかもしれません。

僕は勉強は決して好きなタイプではありませんでしたが、公立の中学生までの学生生活は、とても好きなものでした。

なぜなら、勉強ができる人もいれば、当然勉強ができない人もいるし、その代わりスポーツが得意だったり、音楽が得意だったり、みんな学力や個性がバラバラでも同じ校舎の同じ教室で学ぶ環境にあったからです。

この地球も一緒で、もしかしたら他の惑星は優等生ばかりが集う世界かもしれないし、もしくは不良ばかりが集う惑星だってあるかもしれませんが、地球人は、本当に十人十色の千差万別であり、ここでしか学べない体験は本当にたくさんありそうです。

でも、地球は色々な意味で学びがまだまだありそうなメンバーがたくさん集まった、少しヤンチャな学校のようにも思えます。

〝偏差値〟という言葉は好きではないですが、敢えてその言葉を使うと、この宇宙教育の学びのカリキュラムは、その学生の学力の偏差値というよりも、1人ひとりの意識の平均値である〝集合意識の偏差値〟によって決められており、この偏差値が低ければ低いほど、スパルタ教育が待っています。

スパルタ教育の中には、大地震や食糧危機、経済崩壊や大戦争などの大試練（試験）を通して助け合いや意識の成長を学ぶサバイバル教育だって組み込まれる可能性もあり、特に今の地球のこれからの20年は、無事に義務教育を終えて高校生になれるかどうかの最終試験（試練）のフルコースとなるのかもしれません。

でも世の中には色々な考え方の人がいて、今の全校生徒80億人では多すぎてしまい、学校の維持運営ができないから、生徒数を10億人以下に減らしてしまう計画もあると聞きます。

学校側からすると不良の生徒が多すぎて、学校そのものを破壊しかねないのであれば、それは致し方ない判断となるのかもしれません。

でも、悪い学生がいるから悪いことが起こるのではなく、集合意識の偏差値が低いから、気づきや学びを与えるために〝試験〟として一見悪いと思われる出来事が起こります。

問題児だけを排除したり、問題のあるクラスがなくなったとしても、学校全体が良くなるわけではなく、集合意識が変わらなければ、いつまでも問題児役は現れるし、問題のあるクラスもまた新たに出てきて、結局は問題だらけの学校にしてしまいます。

癌になってしまった人が、癌そのものを排除しても何度も転移して再発してしまうのと同じであり、病気という試練を通して体からのメッセージに気づき、生き方や意識を変えると病気も治り、再発することもなくなります。

この三次元地球は、集合意識という原因が生み出す現象化(結果)の世界なので、結果の世界の問題を結果の世界でアプローチしても何も変わりません。原因の世界を変えないと結果は変わりません。

遠く離れた世界のどこかで戦争をしている国があったとして、自分たちは巻き込まれなくて良かったと思う人もいれば、自分たちにできることが何もなくて悶々としている人もいます。この世界で起こることは、大きな出来事も身近な小さなことも、どれも他人《ひと》ごとのようですが自分ごとです。

すべての責任は自分たちの責任であり、私自身の責任であり、すべての問題は自分たちの問題であり、私自身の問題です。

結果の世界では、まったく無関係の出来事であっても、原因の世界は集合意識だから、そのパズルのワンピースである自分自身もまた全体の結果を生み出している一員（一因）であります。

逆にいえば、世界平和にはまったく無関係な活動をしていても、地球環境にもまったく貢献できていなかったとしても、日々の瞬間瞬間を自分らしく生きていて、集合意識の偏差値を底上げするようなあり方でいれば、それは結果的に全体にとって極めて大事なプラスとなっているかもしれません。

戦地に出向いて戦争反対を叫ばなくても、ただ夫婦や家族で仲良く日々を過ごしているだけでも、その数が臨界点を超えて集合意識の偏差値がある基準に達したら、やがて世界の戦争はいつの間にか終結しているのかもしれません。

むしろ世界の戦争と夫婦喧嘩も規模は違えど本質は同じエネルギーであり、世界平和を訴えかけている人が家の中で夫婦喧嘩ばかりをしていたら、どんなに世界平和を望んでも、一生平和な世界は来ないし、気づかないところで実は自分が足を引っ張っている張本人という矛盾の悲劇ともなります。

集合意識の底上げに必要なのは、私利私欲のエゴによる自分本位の生き方ではなく、世のため、人のために貢献できる生き方が必要となりますが、それでも肝心の自分自身が満たされていないのに尽くしてばかりでは自己犠牲で終わってしまい、それでは元も子もありません。

世界の平和を本当に望むなら、まずは内なる平和を実現し、その上で身近な世界を平和で調和的に過ごすことが最も集合意識の底上げに貢献できることだと思います。

フリーエネルギーが偏差値70以上の学校（惑星）でないと使えないとすれば、偏差値50の地球では使えない!?

これから世界中から世の中を支配していた悪い人たちがいなくなって、そして彼らがずっと封印していたフリーエネルギーが表に出てきて世界は豊かで平和になり、やがてお金もいらない社会がやってくると聞いたことがあります。

集合意識が生み出す結果の世界の視点からすれば、やはり単純に悪い人を排除するシナリオではなく、悪い役をする人の出番が不要となるシナリオに世の中を作り替えていく必要があり、そのためには集合意識の偏差値を上げていくのが大切です。

フリーエネルギーという考え方も同じであり、例えばフリーエネルギーは偏差値70以上の学校（惑星）でないと使えないという宇宙のルールがあるとしたら、地球の偏差値が50にも満たなければ当然使うことができません。

集合意識の偏差値70以上の学校に包丁をプレゼントしたら、きっと皆を喜ばせるために美味しい料理を作るための道具として使われることでしょう。

その逆に不良学校に包丁を渡したら、それは喧嘩の武器として活用されてしまうかもしれません。

フリーエネルギーもまた、扱う人間の意識次第で社会のために有効に使われる道具となることもあれば、自らの惑星そのものを破壊しかねない強烈な武器に変わってしまう可能性もあります。

フリーエネルギーが出てこないのは、決して悪い人たちのせいだけじゃなく、人類全体の集合意識がまだ完全に扱える段階にまで至っていないからかもしれません。

今の三次元地球の世界は、人もモノもすべての存在が、存在したら必ず消えていくか、または姿形を変えて循環するシステムとなっていますが、フリーエネルギーというのは、この法則に反して永遠のものであり、かつ増え続けるイレギュラーな存在となります。

絶対に割れないで永遠に膨らみ続ける風船があったらどうでしょう。

やがて地球よりも大きくなった風船は、そのまま太陽系も飲み込み、銀河も飲み込み、この宇宙よりも大きくなってしまうのでしょうか。

人類が自滅するだけならまだしも、他の生態系から地球、そして宇宙に迷惑をかけるわけにはいきません。

フリーエネルギーが当たり前に使える社会となるには、もう少し学びを深めて偏差値を上げていく必要があります。

そのためには、気づいた人たちがコツコツと良い意識を持って日々を幸せに生きることを実践していくことです。

明治維新の中の日本では、99％以上の一般の人たちは、何も知らないうちにみんなちょんまげを切って、着物を脱いで刀も置いて、気づいたら世の中がそういう風になっちゃったから合わせなきゃっていう形で世の中の常識が変わってしまいました。

自分たちで変えたのではなく、大きな変化の流れに巻き込まれて変わってしまうようなことが、これから地球規模で起こると思います。

まだまだ物質主義のお金中心の世界で多くの人々は生きており、惰性のままに生かされていますが、でもそこを超えた人たちが一定数意識を変えていって繋がり、集合意識の偏差値が少しずつ上がり、意識の核爆弾を見えない世界に投入して、意識の大爆発による大維新が起こります。

1人ひとりがスマートフォンの端末であるとすれば、ある時一気にすべてのスマートフォンが同時多発的にアップデートされ、今まで目が覚めていなかった人も潜在意識からガラっと変わってしまい、価値観も生き方も変わってしまうのです。

今はまだ、少しずつ少しずつ集合意識の底上げが進んでおり、意識の世界における革命の核エネルギーが集まってきている状況です。

あらゆる予言の中で言われた〝一厘の仕組み〟と言われている、99%以上の世の中がダメになってしまった時に、すべての仕組みがグレンとひっくり返るのは、原因の世界である集合意識の世界がひっくり返ることで結果の世界が大転換されることとなのかもしれません。

誰か特別な救世主が1人現れて世界を変えるのではなく、1人ひとりが救世主となって世界を変えることができるし、この舞台の上に立っている限りは、主役も脇役もなく、パズルと一緒で、どの存在も必要不可欠で大切な存在であります。

第11章

未来は選択可能な
パラレルワールド!?
高度なあみだくじ!?
自分の意識次第で
パラパラと変わっていく!?

〝アガスティアの葉〟は、自分の過去のことを100発100中で言い当てた!?

夜明け前が一番暗い。

という言葉があるように、本当の夜明けの明るい世界がやってくる前こそ、一番闇が深まり、世の中も良い時代がやってくる前こそ、一番大変なひと時があるとも言われています。

病気もまた好転反応という、一見症状が悪くなったような状態になってから、一気に不調が治って元気になるように、ある意味〝デトックス（毒出し）〟期間を経てから、世の中も良くなるのかもしれません。

大きくジャンプするには、大きく屈んで膝のバネにギュッと圧力をかけた反動で飛べるように、弓もまた引けば引くほど矢を遠くに飛ばせます。

だから、世界中が揺れ動き、自然界が怒り狂ったように火山が噴き溢れ、世界経済が破綻しても、世界大戦が起こってしまったとしても、すべては良くなるための毒出しや反動の圧力だと思って、必要以上に不安になることはないと思います。

ただ、一寸先は避けられない激動の変革期であったとしても、間違いなくそのトンネルを抜けた先はミロクの世と呼ばれる素晴らしい時代に辿り着くと思います。

あとは、この激動の変革期をどうスムーズに切り抜けて、どれだけ犠牲を出さずに大難が中難となり、小難となり、できれば無難とすることができるかが、人々の持つ意識次第だと思います。

集合意識の偏差値が上がれば上がるほど、試験（試練）は簡単になって、多くの人々が脱落することなく、義務教育で支えられた中学生から自由と自立を求められる高校生になれる。

補助輪をつけられていた地球人の自転車から補助輪が外されて自分の力で自走し始める時だと思います。

「未来は選択可能なパラレルである」

という言葉はよく耳にしますが、確かに個人の未来も全体の未来も同じように選択可能であり、パラレルワールドに分かれていると思っています。

例えていうなら〝あみだくじ〟のイメージでしょうか。

あみだくじは、自分が選んだルートによって、ゴールとなる結果はバラバラです。

3本のラインがあったら、ルートも違えど、ゴールとなる結果が3つとも違ってきます。

Aというスタート地点からBというゴールまで、どのような運命を辿るかは、Aというスタート地点で、自分の意識が選んだ道次第です。

でも人生という名のあみだくじは、もっと複雑で高度な仕組みとなっていて、くじの横棒の線は、瞬間瞬間の選択によって常に増えたり減ったりして変化しており、これから辿る道（未来）は常に自分の意識次第でパラパラと変わっていくと思います。

少し話は、変わりますが、インドの占いで有名なものに〝アガスティアの葉〟というものがあります。

アガスティアの葉とは、今から4000年ほど前に古代インドの〝七人の聖仙（リシ）〟の1人として、神々からの知恵を受け、数多くの神聖な知識を伝えた聖者アガスティアが書き残した〝人生の予言書〟です。

アガスティアの葉は、個々人の過去・現在・未来の出来事などがすべて古代タミル語による詩の形の短文で葉に書き残されており、自分の葉を見つけると、そこでナディ・リーダーと呼ばれる専門家が、現代タミル語に翻訳して、その人の人生を解説してくれます。

アガスティアの葉は、もう占いというよりも、本当に個人情報のすべて書かれたアカシック・レコードのようなものであり、あまりにも内容が詳細なので開いた口が塞がらないほど驚く人が多いものです。

かく言う僕もまた、36歳の頃にアガスティアの葉を開けたことがありますが、僕が事前に提供したのは指の指紋（拇印）だけ。

その指紋だけを頼りに、数多ある人々の人生が書かれたアガスティアの葉（写本の木の板）から1つの僕の葉を見つけ出します。

とはいえ、いきなり全部のアガスティアの葉を持ってくるのではなく、拇印の指紋だけで人間は108種類のタイプに分けられるそうで、その中の自分の葉が入っている1つのタイプの中から、またさらに〝恐らくこれらの束の中にある〟という木の束をいくつも目の前に広げます。

そして、1枚1枚そこに書かれている古代タミル語の詩を現代タミル語に翻訳して読み上げていきます。

それをまたインド人の通訳者が日本語や英語などに翻訳してクライアントとコミュニケーションをするのが、一般的なアガスティアの葉のセッションとなりますが、基本的にクライアントは読まれた内容の質問に対して、イエスかノーで答えるだけ。

「あなたの父親の名前は〝か（KA）〟から始まりますか？」

「あなたは長男ですか？」

などなど、主に父親や母親の名前の頭文字、または自分の兄弟の数などの質問が多かったと思います。

ノー、ノー、ノーと30分以上、1時間近くも自分の葉が見つかりませんでしたが、ある1枚の葉を読み上げた時に全身に鳥肌が立ちました。

「あなたの父親の名前は〝さ（SA）〟から始まりますか？」

「イエス」

「あなたの母親の名前は〝わ（WA）〟から始まりますか？」

「イエス」

「あなたは三男ですか」

「イエス」


と、立て続けにイエスが続くと、相手の表情も変わり、さらに具体的な質問に

「あなたは離婚をしていて2度目の結婚ですか？」

「イエス」

「あなたには前の結婚の時の連れ子の男の子が8歳でいますね？」

「え？　イエス」


そこから先は、僕の両親の名前、兄弟の構成、僕の名前と生年月日、そして今日この日に36歳でアガスティアの葉を開けにやってくることも、何もかもすべて書かれていると……。

さらに生まれた時の時間も正確に割り出し、その時の天体図がどのような配置になっていたかを細かく計算した上で、その瞬間に生まれた僕の性格から運命、これまでの人生のダイジェストのような様子を語り始めると、それは僕のことを知っている人が100人いたら100人が

「この人は間違いなく泰平さんだよ」

と答えるほど、自分で聞いていても驚くほど正確に僕の解説書を読み上げてくれます。

〝過去〟においては100発100中のアガスティアの葉。

それはそうです、これまでの人生はすでにあみだくじで自分で選んだ道であり、辿った道は、はっきりと今生のタイムラインの記録（足跡）として残っています。

では、これから辿る道である未来は？

最初のアガスティアの葉は、そこから8年先までの未来の僕の人生を読むことが許可されていました。

いつ頃にこんな事業をやる、いつ頃に体調に気をつけないといけない、いつ頃に〝火事〟にも気をつけないといけないとまで書かれています。

これらは大体当たっていたのですが、自分名義で所有している不動産の1つが、隣家が全焼した火事の煽り火によって一部が焼けてしまった出来事も書かれてあり、これには本当に驚かされました。

現時点は8年中の6年目あたりですが、その未来は実際のところ大まかに70%くらいは当たっていることが多く、一方でまた外れている未来があるのも事実であります。

さらにまた、僕はアガスティアの葉とは別に、もっとスピリチュアルな人生のアドバイスをするシヴァの葉というマイナーな聖者の葉を読んだこともあります。そこでは自分のさらなる人生のダイジェストまで知ることができ、そこには寿命までも書かれていました。

アガスティアの葉にシヴァの葉、さらにインド占星術である〝ジョーティッシュ〟も別々の人に3度ほどご縁があって受けたことがある僕からすれば、やはり生まれた瞬間の星の影響によって、大まかな人生の流れが決められているのは、ほぼ間違いなく、人生の設計図（ブループリント）は、確実に存在していると思います。

ロールプレイングゲームでは、必ず倒さなければいけないボスが何人もいたり、入手しないと先に進めないアイテムや、イベントもありますが、それらのチェックポイントを通過するまでは、基本的には自由にゲームの世界を冒険できるルールになっています。

レベル10でボスに挑む人もいれば、レベル50でボスに挑む人もいたり、レベルが低くても装備を整えて万全にした上でボスに挑む人もいたりと、同じボスと戦うという避けられないチェックポイントでも、そこでのキャラの状態はプレイヤー次第でそれぞれであり、楽にボスを倒す人もいれば苦戦する人もいます。

ボスというキャラの強さは変わらないのに。

僕は、こういったボス戦のような避けられないチェックポイントは、人生におけるブループリントで決めた〝宿命〟であり、これは避けては通れない出来事だと思っています。

一方でまた、そこに至るまでの道は、無限にあり、自分の選択次第で起こる出来事も経験も変わってくると思います。

そして、チェックポイントで起こる出来事そのものの規模（ボスの強さ）は変えられない未来があったとしても、それが起こることによる結果は変えることができると思います。

戦うキャラクターのレベルを上げて装備を整え、戦い方を工夫すれば、大難を中難、小難、無難に変えられるかもしれません。

未来は選択可能であるとはいえ、絶対変えることのできない宿命と変えることのできる運命がある。

1つ上の階へと上がるのも、エレベーターやエスカレーターで自動で行けたら良いですが、今回地球人が次のステージへ進むのは、ちゃんと階段を使ってみんなで自力で上の階を目指すしか選択肢がないとします。

〝階段を上がる〟という行為そのものは、絶対避けることのできない宿命だったとしても、その階段がどんな階段となるかは、運命次第で変えることができます。

その階段が100段となるのか、1000段となるのか、どれだけ大変になるかは、我々人類の意識次第であり、ゼーゼー言いながら必死になって上の階へ辿り着いた時には、もうほとんどの人々が脱落していて、人口が10分の1にまで減ってましたとなると、それはかなり強烈な大難であり試練であったと……。

できれば皆で楽しく緩く、気づいたらほとんど脱落しないで上のステージへと上がって来れるのが理想であり、それもこれもすべては1人ひとりの意識次第で集合意識によって決まります。

この地球というゲームでは、戦うレベルではなく意識レベルを1人ひとり上げていくことで運命を変え、宿命における結果も変えることができると思います。

世界を変えるには自分が変わることであり、自分が変われば世界も変わる。

夜明け前の最終ステージがいよいよ始まります。

たきさわたいへいから皆さまへ――お知らせとお願い

1万1000坪の候補地の出現

イスラエル版キブツは、1つの広大な敷地の中に衣食住から医療や会社まですべて包括されたヴィレッジです。

エンディング・ヴィレッジ構想も取り入れた日本版キブツを実現していくにあたり、広大な土地を探す必要がありましたが、八ヶ岳南麓で条件に見合う土地は簡単に出てくるものではありませんでした。

ようやく見つけたコミュニティの中心から徒歩圏内の3000坪の土地。

すぐには購入できないまま資金協力者を探す中、ようやく目処が立ち、申込に行った時にはすでに売却されていました。

今度は少し離れたエリアに、リゾートで分譲別荘地として開発途中であった2500坪の区画整備された土地が出て来ましたが、申込をしたものの、メガソーラー会社の方が高値で申込をしており、残念ながら手に入れることも、その土地を守ることもできませんでした。

なかなか候補地も見つからないまま、エンディング・ヴィレッジ構想が始まって1年以上が経過した時、突如として

「1万1000坪」

の山林が売りに出るとの情報が入りました。

それもコミュニティの中心地である〝やつは株式会社〟と〝たきさわ家〟の敷地の目の前の山林であり、徒歩圏内どころか、道を挟んだ向かい側、信じられないほどの近距離にある奇跡の土地。

「ここは地元の人たちが大勢で所有している山林だから、まず売られることはないよ」

昔から近所でも、そのような話で有名な場所であり、実際この11年間売りに出る話など誰1人の地主さんからも聞いたことがありません。

詳しく確認してみると、その土地は都内リゾート開発会社が、高級別荘地として大規模に開発するために、長年かけて数多の地主さん1人ひとりを説得してようやくまとめあげた1万1000坪であったそうです。

これらをすべて買い上げてから、1区画500坪から1000坪ほどの大型分譲地として13区画販売する予定であり、その総額は約3億円であると。

「それを私たちがすべて購入するので外に販売するのを少しの間待ってもらえませんか？」

3億円などの資金のあてもないのにもかかわらず、リゾート開発会社の社長へと直談判しに行き、思わず口に出してしまった一言。

もちろん、ここまで語ったようなエンディング・ヴィレッジ構想も伝えた上で、その場所として活用させて欲しいとお願いしました。

結果

「すべて買い上げてもらえるなら譲っても良いですよ」

という回答を頂き、いよいよエンディング・ヴィレッジ構想、理想郷づくりの候補地が決まりました。

ただ、お伝えした通り、今の私たちには、それらをすべて購入する資金が手元にありません。
でも、約束したからには、条件を飲んでくれた開発会社にも迷惑はかけられないですし、何より思い描いていた理想郷を現実化できる最大のチャンスであります。

ヴィジョンもある。
人材もいる。
候補地もある。

あと唯一足りないのが資金であり、それを理由に夢を諦めるわけにはいかず、ここで多くの方々にご支援を呼びかけることにしました。

キブツ米基金（募金）のプロジェクト

1万1000坪すべてをエンディング・ヴィレッジをテーマにした大型の分譲地とすれば、土地を購入してくれる方もたくさん出てくるかもしれません。

ただ、今から土地・建物を1人ひとりが新築で所有し、管理するのも時代にそぐわず、また将来的に相続が発生した場合に様々な問題が発生する可能性もあります。

そのため1万1000坪すべてを一般社団法人キブツ八ヶ岳の名義で取得・管理しておきたく、単刀直入に言えば、3億円分の寄付金を募りたいのが正直なところです。

コミュニティとしては、土地を購入する自己資金もなければ、今すぐ借入する力もないですし、借りられても返済できる保証も正直ありません。

また土地取得は、あくまでもプロジェクト全体計画の第一段階であり、取得後に様々な施設や拠点を整備していき、運営していく必要があります。

《想定される施設など》
＊統合医療の病院や健康トリートメント施設
＊子供が産まれる助産院や保育園、学校施設

*単身高齢者が共同生活できる施設
*子育て世代がリーズナブルに入居できる賃貸施設
*コミュニティ内外の人々が活用できる大型食堂
*イベントホールや講堂などのコミュニティ施設
*地域のオーガニック食材が手に入る市場
*世界中のオーガニック商品が手に入る大型小売店
*天然温泉施設と宿泊施設
*広葉樹などを守る憩いの公園や屋外劇場
*保護した動物と触れ合い共生できる牧場
*敷地全体の発電やエネルギー自給に関わる施設

そこには土地の購入とはまた比較にならない資金と時間、そしてエネルギーが必要であり、この土地取得の第一段階では、なるべく余力を残しておきたいところがあります。

とはいえ、3億円もの大金を私たちの力だけで寄付金で集めるのは容易なことではありません。

そこで、見返りのない寄付だけでなく、借入でもない、寄付と借入の間のクラウドファンディングに近い

「キブツ米基金（募金）」

のプロジェクトを立ち上げることにしました。

あくまでも一般社団法人としての寄付金の取り扱いとなりますが、基金に寄付して下さった方への特典として

「米貨交換権利証」

を発行し、将来この敷地で使えるコミュニティ通貨

「米貨（マイカ）」

への交換券をご提供できればと思います。

米貨は、キブツ八ヶ岳が生産するお米を基軸としたコミュニティ通貨であり、キブツ八ヶ岳が提供するサービスや施設で利用できることを想定しています。

この1万1000坪の土地開発が進み、この敷地で始まる様々なサービスにも米貨は使える計画をしており、具体的には、宿泊施設や食堂、そしてエンディング・ヴィレッジに関わる入居費用などです。

エンディング・ヴィレッジとなる高齢者用の施設などは、単身で身寄りがない方を優先するなどの条件付きのものから、夫婦でも入れるもの、また施設タイプも共同住宅（シェアハウス）から単身戸建てまで様々なものを検討しています。

入居権として数百万円から1000万円を超える権利の施設もあれば、賃貸パターンの施設も検討しています。

いずれにしても、米貨がコミュニティ内のどのサービスで利用できるのかは、現時点では未定であり、米貨のプロジェクトが具体的に立ち上がった時点で詳しい内容は説明させて頂きます。

また米貨交換権利証から米貨への交換レートに関しても、将来的に米貨が発行された時点の日本の景気や物価をベースに決めるため、現時点では未定となりますが、なるべく寄付した時点の金額相当のサービスへと還元できるように考えております。

現時点の1万円の価値と米貨が始まる時の1万円の価値が同じであるとは限らず、今の1000円相当になる場合もあれば、10万円相当になる場合もあります。

いずれの場合も寄付した時点の価値相当のサービスに還元させて頂きます。

なお、米貨交換権利証の1人あたりの発行限度額は500万円までとし、それ以上の寄付金額に関しては、通常の寄付となりますので、そちらもご注意ください。

例）1000万円の寄付で上限まで米貨交換権利証も希望
500万円は米貨交換権利証を発行
500万円は通常の寄付

そして米貨の最大の特徴は

「金融危機などが発生した場合にお米と交換できる」

という特典がついてくることにあります。

ここでの金融危機とは、ハイパーインフレなどの事態が日本国内や世界全体で発生した場合であり、お金の価値がなくなり、その結果安全な食料を手に入れることが、困難になる状況を想定したものです。

その際、米貨を所有している方は、保有している米貨に応じてキブツ八ヶ岳が生産したお米と交換することができるようにしたいと思います。

「お金を持つよりもお米を持つことが重要となる時代」

そんな〝飢饉に備える基金〟が、キブツ米基金であります。

なお、現時点でキブツのお米は1kg＝1000円で販売されており、3億円分のお米の保証となると300トンが必要となります。

2023年度のキブツ八ヶ岳のお米の生産量は、10トンであり、300トンの生産体制や300トン分の備蓄体制は、まだまだ先となるため、まずは30トンの生産量を確保できた時点から、この米交換の仕組みをスタートできればと思います。

以上、文章だけでは、なかなかすべての説明をご理解いただくことは難しいかもしれません。

是非、他にも説明動画をご覧いただけたらと思いますし、わからないことがあれば、すべてお答えしますので、お気軽にお問合せやご相談いただけたらと思います。

結果的には、キブツ八ヶ岳が所有する土地となるかもしれませんが、それは関わった皆で手に入れた土地であり、私たちの夢でもあり、皆の夢を実現する場所となります。

立場上、キブツ八ヶ岳も所有という役割が必要となりますが、本来この土地に限らず、この理想郷を進めていく中では、所有という概念すらも手放せる世界観を最終的には目指したいと思います。

是非皆様のお力を貸してください。

宜しくお願いします。

一般社団法人キブツ八ヶ岳

代表　たきさわたいへい

キブツ米基金募集サイト
https://kibbutz.or.jp/kibbutz-foundation/

キブツ米基金説明動画
https://youtube/jvz0mlTfR8Q

たきさわ　たいへい
やつは株式会社代表取締役
八ヶ岳ピースファーム株式会社代表取締役
一般社団法人キブツ八ヶ岳代表理事
1982年仙台市生まれ。
311の東日本大震災をきっかけに首都圏を離れて八ヶ岳南麓にて自給自足できる循環型社会のモデルづくりを目指す。
200名以上の八ヶ岳移住をサポートし、コミュニティメンバーと共に無農薬・無肥料の自然栽培の田畑３万坪を管理。
お米は年間10トン生産しており、コミュニティメンバー40名全員に毎年60kg／人を配給する〝ベーシック・インコメ〟を実践中。
元気なうちから入り、最期までお互い看取り合える理想郷〝エンディング・ヴィレッジ〟構想の実現に取り組み中。
月間100万アクセスのＷＥＢサイト「天下泰平」ブログ執筆者。
著書に『レインボーチルドレン』『これから10年「世界を変える」過ごし方』（ともに、ヒカルランド）『宇宙学校』（きれい・ねっと）などがある。

天下泰平２～たきさわたいへい公式ブログ～
https://tenkataihei.blog

八ヶ岳【縄文特区】エンディング・ヴィレッジ構想のすべて

第一刷　2025年4月30日

著者　たきさわ　たいへい

発行人　石井健資
発行所　株式会社ヒカルランド
〒162-0821 東京都新宿区津久戸町3-11 TH1ビル6F
電話　03-6265-0852　ファックス　03-6265-0853
http://www.hikaruland.co.jp　info@hikaruland.co.jp
振替　00180-8-496587
本文・カバー・製本　中央精版印刷株式会社
DTP　株式会社キャップス
編集担当　真紫乃彩夏

ISBN978-4-86742-494-0

2023年からのMAYIM《マイム》は…

現在2000人が参加中！
新規会員募集中！

人と人がつながり、
仲間が増えるような活動へシフト！

奇人変人この指とまれ

MAYIMは、たきさわたいへいがプロデュースするオンラインコミュニティサロンであり、同じ意識や価値観で繋がる仲間たちと共に新しい社会モデルを世の中に創り出すことを目指しています。クローズドのサロンだからこそ、普段たきさわたいへいがブログやSNSでは伝えきれない世界の真実や世の中の真理をメンバー限定に発信し、今の大きな変化の時代を共にスムーズに乗り越えていくサポートをします。

もし、皆さんが今の世の中に疑問もなく、今の社会に満足しているならMAYIMのサロンは必要ありません。でも、もし世の中のことをもっと深く知りたい、世界は一体どうなっているのか？自分とは何者なのか？を探求していきたい場合は、是非ともMAYIMへ。
僕が自らの足で全国や世界を旅し、受け取った様々な情報を惜しみなく皆様と分かち合って共に真理の探究をしていきたいと思います。

魔神くんで波動を転写

現在、世界最強かもしれない、波動転写器「魔神くん」を使って皆様に必要な秘密の波動をカードに転写しております。
こちらを制作したのは、音のソムリエ藤田武志氏です。某大手S◉NYで、CD開発のプロジェクトチームにいた方です。この某大手S◉NYの時代に、ドイツ製の1000万円以上もする波動転写器をリバースエンジニアリングして、その秘密の全てを知る藤田氏が、自信を持って〝最強！〟そう言えるマシンを製造してくれました。それに〝魔神くん〟と名付けたのは、Hi-Ringoです。なぜそう名付けたのか!?　天から降って湧いてきたことなので、わからずにいましたが、時ここにきて、まさに魔神の如き活躍を見せる、そのためだったのか!?　と、はじめて〝魔神くん〟のネーミングに納得がいった次第です。これからモノが不足すると言われてますが、良いものに巡り会ったら、それは波動転写で無限増殖できるのです。良い水に転写して飲むことをオススメします。カードもそのように使えるのです。

お好みのエネルギーを
お好きなものに転写し放題！

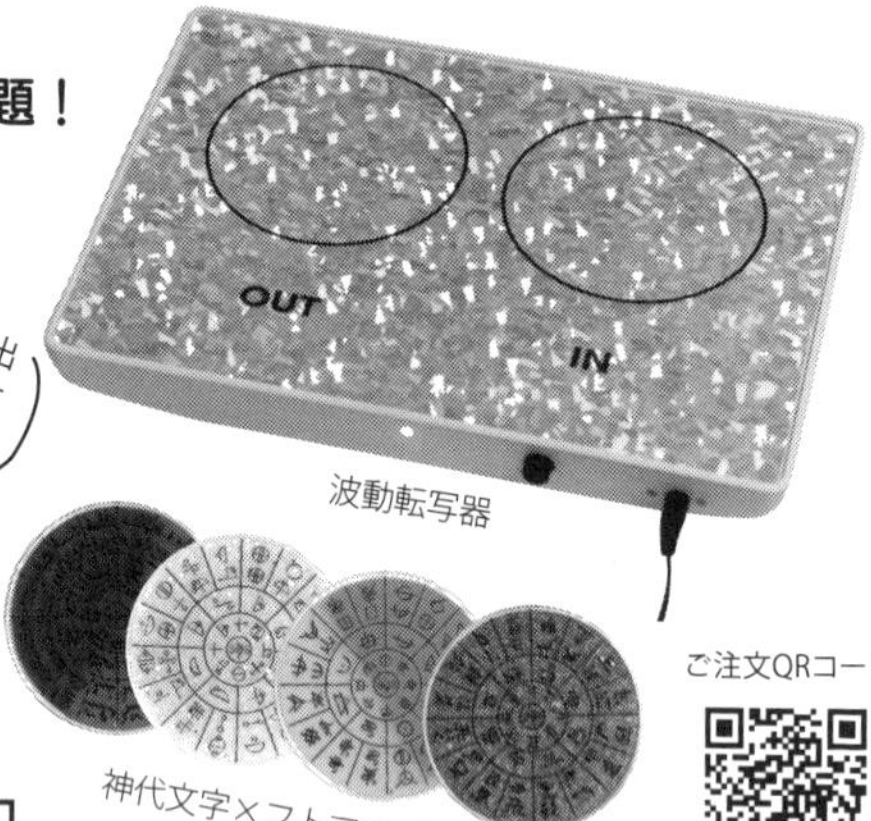

波動転写器

神代文字×フトマニプレート

ご注文QRコード

付属プレートの色別パワー

ピンクブルー：皮膚のかゆみに。
ホワイト：腰痛、肩こり、頭痛、こむらがえりに。
イエローグリーン：咳、腰痛に。
シルバー：花粉による悩み、目の疲れ、霊障に。

波動転写器〈神代文字×フトマニ〉
本質移転マシン【魔神くん】

220,000円（税込）

ご注文はヒカルランドパークまで TEL03-5225-2671　https://www.hikaruland.co.jp/

＊ご案内の価格、その他情報は発行日時点のものとなります。

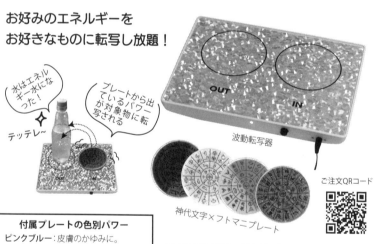

ヒカルランド　好評既刊！

地上の星☆ヒカルランド　銀河より届く愛と叡智の宅配便

磁場がまるごと解決してくれる
土地が人を幸せに導く　最新版イヤシロチ
著者：竹田明弘
四六ソフト　本体 1,800円+税

願望激速！　タイムウェーバー
量子の力があれば、最速で幸せになれる！
著者：山﨑拓巳／宮田多美枝
四六ソフト　本体 1,700円+税

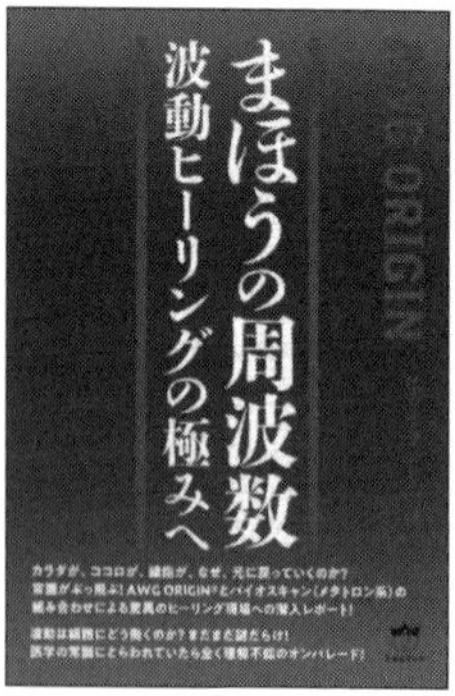

まほうの周波数　波動ヒーリングの極みへ
AWG ORIGIN®
著者：ヒカルランド取材班
四六ソフト　本体 2,200円+税

松葉とワクチン
著者：ジョイさん
四六ソフト　本体2,200円+税

長寿の秘訣
松葉健康法
待望の名著、ついに復刻！
著者：高嶋雄三郎
四六ソフト　本体 2,400円+税

驚異の健康飲料
松葉ジュース
ファン熱望の復刻！
著者：上原美鈴
四六ソフト　本体 1,800円+税